Francisco González de Bustos

Los españoles en Chile

Barcelona 2024
Linkgua-ediciones.com

Créditos

Título original: Los españoles en Chile.

© 2024, Red ediciones S.L.

e-mail: info@linkgua.com

Diseño de cubierta: Michel Mallard.

ISBN rústica: 978-84-96428-92-8.
ISBN ebook: 978-84-9897-786-8.

Cualquier forma de reproducción, distribución, comunicación pública o transformación de esta obra solo puede ser realizada con la autorización de sus titulares, salvo excepción prevista por la ley. Diríjase a CEDRO (Centro Español de Derechos Reprográficos, www.cedro.org) si necesita fotocopiar, escanear o hacer copias digitales de algún fragmento de esta obra.

Sumario

Créditos _____ 4

Brevísima presentación _____ 7

Personajes _____ 8

Jornada primera _____ 9

Jornada segunda _____ 57

Jornada tercera _____ 101

Libros a la carta _____ 153

Brevísima presentación

Esta obra relata la conquista de Chile por don Diego de Almagro y sus tropas. Almagro (1479-1538), tardó seis meses en preparar su expedición y reunir los inversores que aportasen el capital necesario. Los hombres, unos 500 españoles, 100 esclavos negros y 10.000 indígenas, fueron reclutados en El Cuzco y en Lima. Se compraron armas, herramientas, herraduras, pólvora, y otros utensilios necesarios. Y se calcula que el proyecto costó un millón y medio de pesos castellanos.

Almagro tomó posesión de Chile en nombre de Carlos V pero tuvo que retirarse hacia Perú. Los incidentes de esa primera incursión española en Chile sirven de trasfondo a una trama llena de peripecias y enredos, en la que presenciamos escenas hilarantes y aparece un don Juan que resulta ser una mujer soldado que ha cambiado su identidad.

Personajes

Acompañamiento
Caupolicán, indio, galán
Colocolo, indio, barba
Don Diego de Almagro, galán
Don Pedro de Rojas, galán
Doña Juana de Bustos, dama
El marqués de Cañete, barba
Fresia, india, dama
Gualeva, india, dama
Mosquete, gracioso
Rengo, indio, capitán
Soldados españoles
Soldados indios
Tucapel, indio, capitán
Un sargento

Jornada primera

(Dicen dentro en distintas partes.)

Unos   ¡Viva Fresia siempre altiva!

Otros   ¡Viva nuestro capitán!

Otros   ¡Viva el gran Caupolicán!

Otros   ¡Viva Chile!

Otros   ¡Arauco, viva!

(Salen por una parte Caupolicán, vestido de indio, con arco y flecha al hombro, con bastón de general, y acompañamiento de indios; y por otra Fresia, vestida de india.)

Caupolicán   Chilenos valerosos,
                      vuestros aplausos siempre generosos.

Fresia   Valientes araucanos,
                      vuestros aplausos siempre soberanos.

Caupolicán   A Fresia por deidad que luz reparte.

Fresia   Al gran Caupolicán por vuestro Marte
                      se deben, se han de dar a él solamente,
                      por general de Arauco el mas valiente.

Caupolicán   A Fresia, pues me ciega su luz pura,
                      por reina universal de la hermosura,
                      decid, para lisonja de los vientos.

Fresia   Repitan en su gloria los acentos:
viva Caupolicán.

(Encuéntranse.)

Caupolicán   Fresia querida,
si a dar a este horizonte nueva vida
tu soberana luz ha madrugado.

Fresia   Si a verte de laureles coronado
la aclamación te llama.

Caupolicán   Si por Deidad la adoración te aclama,
segura está de Arauco en ti la gloria.

Fresia   En ti asegura Chile su victoria.

Caupolicán   Prodigio valeroso,
en quien se unió lo fiero con lo hermoso,
pues para asombro bélico de España,
armada aurora luces la campaña:
tú sola has de vivir; mintió el acento.
que pobló con mi nombre el vago viento,
cuando mi aplauso arguyo,
de que me aclame el orbe esclavo tuyo,
pues claro se apercibe
vivir Caupolicán, si Fresia vive.
Deja, pues, dueño mío,
cuando a tus pies se postra mi albedrío,
el arco soberano,
que ocioso pende de tu blanca mano:
depón a aqueste indicio tus enojos,
pues hieren más las flechas de tus ojos.

Fresia	A tu noble fineza agradecida
	estoy, Caupolicán: tuya es mi vida,
	cuando a quien menos que tu aliento fuera,
	mi altiva presunción no se rindiera.
	(Miento mil veces, que mi afecto estraño,
	con Don Diego, es verdad, con este engaño
	firme mi fe le entrego.)
Caupolicán	Con eso queda mi amor, Fresia, mas ciego.
	Confirme, pues, su dicha en tiernos lazos.
	Éstos mis brazos son.
Fresia	Y éstos mis brazos.

(Abrázanse. Sale Colocolo, mago, vestido de pieles, con barba cana.)

Colocolo (Aparte)	(¿Caupolicán a Fresia está rendido,
	poniendo sus hazañas en olvido?
	Aplicar el remedio importa solo.)
	Oye, Caupolicán.
Caupolicán	Gran Colocolo,
	cuya ciencia en el mundo
	de la magia te ha hecho sin segundo,
	¿qué me quieres?
Colocolo (Aparte)	Escucha:
	(Mi libertad con su respecto lucha;
	mas la patria es primero,
	su obligación aconsejarle quiero.)
	Valiente Caupolicán,
	noble araucana guerrero,
	cuyas hazañas en bronce
	esculpe el buril del tiempo,
	ya sabes que con mi ciencia

conozco, alcanzo y penetro
los futuros contingentes,
siendo en la magia el primero
que a ese globo de zafir,
que está tachonado a trechos
de estrellas, y en once hojas
es volumen de sí mismo,
si no le apuro, le mido
las líneas y paralelos.
Ya sabes, Caupolicán,
que los indianos imperios
de México y del Perú,
a un Carlos están sujetos,
monarca español, tan grande,
que, siendo de un mundo dueño,
no cupo en él, y su orgullo
imaginándose estrecho,
para dilatarse más
conquistó otro mundo nuevo.
Bien a costa de la sangre
nuestra, araucanos, lo vemos;
pues sus fuertes españoles
no de estas glorias contentos,
basta en Arauco invencible
sus estandartes pusieron;
que no se libra remoto
de su magnánimo aliento
ni el africano tostado,
ni el fiero adusto Chileno.
Desde entonces, araucanos,
a su coyunda sujetos
hemos vivido, hasta tanto
que vosotros, conociendo
la violencia, sacudisteis

el yugo que os impusieron:
y con ánimo atrevido,
ya en la guerra mas expertos,
blandiendo la dura lanza,
y empuñando el corvo acero,
oposición tan altiva
a sus armas habéis hecho,
que sublimando el valor
aun más allá del esfuerzo,
sois émulos de sus glorias;
pues hoy os temen sangrientos
los que de vuestro valor
ayer hicieron desprecio.
Dígalo el fuerte Valdivia
su capitán, a quien muerto
lloran, que de vuestras manos
fue despojo y escarmiento,
de cuyo casco ha labrado
copa vuestro enojo fiero
en que bebe la venganza
iras de mayor recreo.
Díganlo tantas victorias,
que en repetidos encuentros
habéis ganado, triunfando
de los que dioses un tiempo
tuvieron entre vosotros
inmortales privilegios.
Desde Tucapel, al valle
de Lincoya, vuestro aliento
ha penetrado, ganando
muchos españoles pueblos,
hasta cercar en la fuerza
de Santa Fe con denuedo
los mejores capitanes,

que empuñan español fresno;
y vuestra gloria mayor
es haber cercado dentro
al gran marqués de Cañete
su general, cuyos hechos
han ocupado a la fama
el más generoso vuelo,
de quien os promete glorias
la envidia que lo está viendo.
Si esto es así, ¡oh capitán!,
y que está durando el cerco,
donde al cuidado el peligro
está llamando despierto,
¿cómo durmiendo en oprobios,
al laurel tan poco atento,
truecas las iras de Marte
a las delicias de Venus?
Cuando el bastón a tu mano
Arauco fía, ¿te vemos,
en vez de sangrientas lides,
entregado a los requiebros?
¿Cómo vencerá soldado
quien vive de amores tierno?
No está en emprender la hazaña
la gloria del vencimiento,
sino en saber conseguir
la victoria; y esta es cierto,
que la da el valor obrando,
no divertido el esfuerzo.
Vuelve en ti, Caupolicán,
arda en más nobles incendios
que en los del amor tu orgullo;
inflama en Marte tu pecho;
forje rayos la venganza,

y tu invencible ardimiento,
a pesar del amor sea
triaca de su veneno,
que yo, que el sacro volumen
de aquesos záfiros leo,
la victoria te aseguro;
porque los dioses supremos
están y de nuestra parte.
Niéguese al amor el feudo.
Vibre tu brazo invencible
aquese rayo sangriento,
que Júpiter en tu mano
para terrores ha puesto.
Gima el parche, tiemble el orbe,
y a voces el metal hueco,
publicando sañas, rompa
la vaga región del viento.
Muera solo del amago,
herido con el estruendo,
el español, y en cenizas
caigan sus muros al suelo.
Ea, valiente capitán,
la libertad aclamemos,
que vida sin ella es muerte;
porque el castellano fiero
conozca, penetre, alcance
de tu valor y tu aliento,
que sabes vencer pasiones,
y sabes domar imperios.

Caupolicán (Aparte)   (Corrido, por Marte estoy
de haberle escuchado, puesto,
que por su ciencia le estimo,
y por su edad le respeto.)

Colocolo, no es prudencia
en los magnánimos pechos,
aunque el defecto conozcan,
decir tal vez el defecto:
que aunque estimo, como es justo
porque has sido mi maestro,
tus consejos, esta vez
son muy libres tus consejos.
¿Quién te ha dicho, Colocolo,
que se olvida mi ardimiento
de mi venganza? ¿No sabes
que a los cristianos soberbios
cercados tengo? ¿No sabes
que mi nombre está temiendo
el mundo, porque en nombrando
a Caupolicán, el cielo
tiembla, la tierra se encoge,
gime el mar, y con respecto
de oír mi nombre se turban
todos los cuatro elementos?
¿No sabes que mis hazañas
y mis gloriosos trofeos,
que el parche publica en voces
y el metal declara en ecos,
vienen de Fresia divina,
a quien amante venero,
a quien rendido idolatro,
teniéndome yo a mi mismo
envidia, ¡viven los dioses!,
de que su favor merezco,
que hasta esa dicha me hace
tener de mi propio celos?

(Aparte) Pues, ¿cómo, (¡de enojo rabio!)
(Aparte) te atreves, loco (¡estoy ciego!)

(Aparte)	a disuadirme (¡qué engaño!)
(Aparte)	mi amor? (¡de coraje tiemblo!)
	¡Viven los dioses...! Mas vete
	de mi presencia al momento,
	que por sus divinos ojos,
	en cuyas luces me quemo,
	que si otra vez perseveras
	en hablarme más en esto,
	yo, sin tener a tus canas
	ni a tu enseñanza respeto,
	te he de coger en mis brazos
	para que mires en ellos
	con tu muerte, castigos,
	tus locos atrevimientos.
Fresia	Yo, por la misma razón,
	sin el castigo te dejo,
	merecido a tu locura.
Colocolo	¡Ay araucanos! ¡Qué presto
	os llegará el desengaño
	si no tomáis mis consejos!
	Porque mi ciencia...
Caupolicán	Es caduca.
(Tocan cajas.)	Pero, ¿qué ruidoso estruendo
	es éste?
Fresia	Por esta parte
	viene el valeroso Rengo
	marchando hacia aquí.
Gualeva	Y por ésta
	viene Tucapel, haciendo

                        alarde de su valor.

Caupolicán   ¿Qué será?

Colocolo   Desdicha temo.

Gualeva   Ellos lo dirán mejor,
                        pues ya llegan a este puesto.

(Salen por un lado Rengo, de indio, con carcaj, arco y flechas, y soldados que traen prisionero a Mosquete, vendado los ojos; y por el otro Tucapel, de indio, capitán, que trae a doña Juana, prisionera, vestida de soldado.)

Rengo   Valiente Caupolicán...

Caupolicán   Bizarro y famoso Rengo...

Tucapel   General de Arauco insigne...

Caupolicán   Tucapel altivo...

Tucapel   Hoy llego
                        a tu presencia.

Rengo   A tu vista...

Tucapel   Alegre...

Rengo   Ufano

Tucapel   Contento...

Rengo   A ofrecerte...

Tucapel	A dedicarte...
Rengo	Despojos...
Tucapel	Triunfo...
Caupolicán	Teneos; que antes de decirme nada, conociendo vuestro aliento, sé que venís vencedores; y así, vencedores quiero dar a los dos, con mis brazos, debido agradecimiento.
(Abrázales.)	
Tucapel (Aparte)	(¡Ay amor! ¿Cómo a la vista de Fresia vives?)
Rengo (Aparte)	(Deseo, ¿cómo a vista de Gualeva no te abrasas? Yo estoy ciego.)
Fresia	Dueño mío, aunque en los dos, siendo Tucapel y Rengo, cierta estaba la victoria, quisiera oír el suceso.
Gualeva	De oírla, prima, me holgara.
Caupolicán	Pues si las dos gustáis de ello, decid entrambos.
Los dos	Escucha,

                    Caupolicán.

Caupolicán   Ya os atiendo.

Los dos   Salí, señor.

Rengo   Tente, aguarda,
que yo he de decir primero.

Tucapel   Nadie es primero que yo.

Rengo   Eso fuera a no ser Rengo
quien castigue tu osadía.

Tucapel   ¿Esto escucho? Vil Chileno,
¿sabes que soy Tucapel?

(Empuñan.)

Caupolicán   Delante de mí, ¿qué es esto?

Tucapel   En lances del pundonor,
no guardo humanos respetos
a nadie, porque delante
de Marte hiciera lo mesmo.
Muere, infame.

Rengo   Muere, aleve.

Caupolicán   ¿Hay tan grande atrevimiento?
¿Cómo a vuestro general
le perdéis así el respeto?

Tucapel   A Júpiter le negara,

si me ofendiera.

Caupolicán ¡Prendedlos, matadlos!

(Van los soldados a prender.)

Tucapel ¡Teneos, villanos!
Nadie se mueva del puesto,
conociendo a Tucapel,
si no quiere ser trofeo
de su enojo vengativo.
Y tú, general, más cuerdo
con los hombres como yo
procede, que en este duelo
no conozco superior,
que solo a mí me obedezco.

(Vase.)

Caupolicán ¿Cómo atrevidos...?

Rengo Detente,
y nadie enojos a Rengo
le dé, porque el mismo Marte
no está seguro en su asiento.

(Vase.)

Caupolicán ¿Esto sufre mi valor?
¡Morirán, viven los cielos!

Colocolo No son vanos mis recelos.

Fresia	¿Dónde vas?
Colocolo	Tente, señor, y témplate cuerdo y sabio, sin dar rienda a tus enojos.
Caupolicán	Pues, ¿cómo podré a mis ojos consentir aqueste agravio?

Colocolo	Señor en esta ocasión
	es bien que te persuadas
	al perdón, que estas espadas
	defensa de Arauco son.
	   Y es bien el duelo remitas,
	tu enojo disimulando;
	que no has de vengarte cuando
	de sus filos necesitas.
	   La oposición natural,
	emulándose el valor,
	los provoca.

(Aparte)	(Así el rigor atajaré de este mal.)
Caupolicán	Dices bien. Elijo el medio que me advierte tu prudencia.
Colocolo	Pues a toda diligencia voy a poner el remedio porque no pase a más llama su enojo.
Caupolicán	Parte al momento.
Colocolo	Voy.

(Vase.)

Caupolicán	Disimule mi aliento, aunque me riña la fama; que cuando de los cristianos vengarme intento cruel, en Rengo y en Tucapel la fuerza está de mis manos.
Fresia	Gracias mis ojos te dan de verte ya sin enojos.
Caupolicán	Al espejo de tus ojos se templa Caupolicán.

(Llegan los soldados a Mosquete.)

Soldado 1	Señor, aqueste cristiano le hizo Rengo prisionero, y yo le cogí el primero.
Mosquete (Aparte)	(Borracho está este araucano.)
Soldado 2 (Aparte)	(A aqueste le hizo señor, en un encuentro cruel, prisionero Tucapel.)
Juana	(Mejor dijeras mi amor.)
Caupolicán	Desatadlos.

(Quítanles las prisiones.)

Mosquete (Aparte)   (¡Pese a mí!
                    Ya con vista a verme llego.)

Juana (Aparte)   (¿Ay inconstante don Diego,
                    lo que padezco por ti!)

Gualeva   No tiene mala presencia,
                    prima, aquel mozo español.

Caupolicán   Cristianos, si veis el Sol,
                    ¿cómo no hacéis reverencia?

Mosquete   ¿Dónde está, que no le veo?

Caupolicán   Fresia divina lo es.

Juana   Dame, señora, tus pies.

(Arrodíllase a Fresia.)

Gualeva (Aparte)   (No te despeñes, deseo.)

Fresia   Levantad, que en vos alabo
                    lo atento con lo brioso.

Juana   Ya me confieso dichoso,
                    con ser, señora, tu esclavo.

Fresia   El español, prima, sabe
                    ser discreto.

Gualeva (Aparte)   (¿Santos cielos,
                    no es bueno que tenga celos
                    de que mi prima le alabe?)

Caupolicán	¿Qué aguardas? Llega, español.
Mosquete	Dale, señora, a Mosquete de tu pie el mejor juanete, si tiene juanete el Sol.
(Aparte)	(Oigan, qué tiesa se está la perra guardando el hato, y en cada pie por zapato una maleta tendrá.)
Fresia	¿De dónde sois?
Mosquete	Antes era de junto a Carabanchel; mas ahora soy de Argel, mas acá de Talavera.
Fresia	¿Sois soldado?
Mosquete	Y muy valiente.
Fresia	No es mala la presunción.
Mosquete	Soy un pobre motilón, no quitando lo presente.
Fresia (Aparte)	(Su humor me causa alegría.)
Mosquete	Hoy he muerto por mis manos veinte carros de araucanos.
Caupolicán	¡Este es loco! Fresia mía, el cuidado a recorrer

    las centinelas me lleva.
Tú con tu prima Gualeva
te puedes entretener.
   Perdónenme soberanos
esta ausencia tus luceros,
y de las dos prisioneros
queden estos dos cristianos;
   que yo, ¡ah, Fortuna cruel!,
no el cuidado he divertido.
Voy a ver qué ha sucedido
con Rengo y con Tucapel.

(Vanse Caupolicán y los soldados.)

Fresia   Pues Caupolicán nos da
estos cautivos, Gualeva,
escoge uno de los dos.

Gualeva   Eso a ti te toca, Fresia.
(Aparte.)   (Temiendo estoy que se incline
a este español.)

Fresia   Pues me dejas
la elección, aquéste elijo.

Gualeva (Aparte)   (Y yo a mi la enhorabuena
me doy, de que mi cuidado
libre esté de la sospecha
que tuvo de Fresia. El alma
me leyó.)

(A Mosquete.)

Fresia   Conmigo, quedas,

      español.

(A doña Juana.)

Gualeva   Y tú conmigo.

Juana   Ya se postra mi obediencia
          a tus pies.
(Aparte)   (¡Sin alma estoy!
          Fortuna, ¿dónde me llevas?)

(Sale un soldado.)

Soldado   Ya, señora, se ajustó
          la pasada competencia
          de Rengo y de Tucapel.
          A darte esta buena nueva
          Caupolicán me ha enviado,
          y a las dos llama.

Fresia   Gualeva,
          ve tú que yo te sigo.

Gualeva (Aparte)   (De mala gana se ausentan
          mis ojos de este español,
          mas obedecer es fuerza.)

(Vanse Gualeva y el soldado.)

Mosquete   Usté en escoger no sabe
          cual es su mano derecha.

Fresia   ¿Por qué lo dices?

Mosquete	Lo digo, porque soy la peor bestia y de más horribles tachas del mundo.
Fresia	¿De qué manera?
Mosquete	Porque tengo hambre canina, y tengo sarna perpetua, un lobanillo en un lado, y huelo de ochenta leguas a hombre bajo, que los bajos como tienen los pies cerca de lo amargo del pepino, no hay demonios que los huela. Tengo mataduras, pujos, almorranas, hipo, reuma, y no me pongo escarpines: con que según la propuesta, puede usted quedar ufana de ver la ganga que lleva.
Fresia	¿Tantas faltas tienes?
Mosquete	Tantas, y esto mejor lo dijera un amo que Dios me dio.
Fresia	¿A quién sirves?
Mosquete	Ésa es buena.
Fresia	Dilo, pues yo te lo mando.

Mosquete (Aparte.) (Mucho pregunta esta perra.)
Sirvo a don Diego de Almagro,
maestre de campo en esta
conquista de Arauco.

Juana (Aparte.) (Y quien
me hace andar de esta manera.)

Fresia De este español muchas veces
el nombre oí, y las proezas;
y como a Marte inclinada
nació mi naturaleza,
confieso que me han debido
inclinación, que en la guerra
el valor aun del contrario
estimaciones granjea.

Juana (Aparte.) (Esto le faltaba solo
a mis celos y mis penas.)

Fresia ¿Es galán?

Mosquete Como un Adonis.

Fresia ¿Blando?

Mosquete Como una manteca.

Fresia ¿Cortés?

Mosquete Perra, que te clavas.

Fresia ¿Y callado?

Mosquete	Ay, qué jalea,
	sal quiere este huevo, andallo.
Juana	Ya no puedo más. No creas
	estas locuras, señora,
	porque en don Diego no hay prendas
	dignas de tu estimación:
	no crió naturaleza
	hombre tan mudable y falso
	con las damas, y aun pudiera
	decirte de alguna, que
	con engaño y cautelas
	ha burlado; pero solo
	quiero, señora, que sepas,
	que en él se hallará el engaño,
	si el engaño se perdiera.
Fresia	¿Quién os mete en eso a vos,
	que así habláis en mi presencia?
Juana	Yo, señora...
Mosquete	Este capón,
	¿cómo habla de esta manera?
Juana (Aparte.)	(¡Sin alma estoy!)
Fresia	Tú prosigue.
Mosquete	¡Digo, en fin, que si le vieras!
	conocieras un prodigio.
	¡Qué talle! ¡Qué pies! ¡Qué piernas!
	¡Qué osadía! ¡Qué valor!
	¡Qué gala! ¡Qué gentileza!

| | No ha llegado a tus oídos
en un refrán de mi tierra,
lo de: «¡Oh, qué lindo don Diego!»,
pues este don Diego era. |
|---|---|

Fresia   ¿Quién creerá que tantas partes
               bien al corazón le suenan?
               Y dime
(Aparte.)   (¡Ay, Amor, que ya
               al alma suspiros cuestas!)
               ¿tiene Dama?

Mosquete   Señora...

Juana   Señora...

Fresia   ¿Quién os lo pregunta? ¿Hay tema
               semejante? ¿Vos queréis
               apurarme la paciencia?

Juana   Yo, señora...

Fresia   Sois un necio.

Mosquete   Póngase una bigotera,
               o váyase luego al rollo.

Juana (Aparte.)   (Denme mis celos paciencia.)

Fresia   Español, porque conozcas
               mi piedad y mi clemencia,
               libre estás.

Mosquete   Pléguete Cristo,

	vivas más que veinte suegras.
Fresia	Mas con una condición ha de ser.
Mosquete	Dila, ¿qué esperas?
Fresia	Que has de decirle a don Diego, que una araucana desea conocerle; y que si tanto de ser valiente se precia, y galante con las damas, que venga una noche de éstas a mi real, con el seguro, que mi palabra le empeña de su peligro.
Mosquete	A mi amo le diré letra por letra lo que dices.
Fresia	Pues mañana te aguardo con la respuesta: vete en paz.
Mosquete (Aparte.)	(Eso. Vendré como ahora llueven camuesas.)
Fresia	¿No te vas?
Mosquete (Aparte.)	Ya te obedezco. (¡Por Dios, que escapé de buena!)
(Vase.)	

Juana (Aparte.)	(Cierto es su amor. ¡Ay de mí!)
Fresia	¿Quién pensara, altiva Fresia, de oír unas alabanzas, que quizás serán inciertas, que tu pecho de diamante a un español se rindiera?
(Vase.)	
Juana	¡Buena he quedado! ¡Ay aleve don Diego! ¡Que aun en las tierras más remotas y apartadas sea tu nombre la primera cosa que escuche! ¿No basta con engaños y cautelas haber triunfado, ¡ay de mi!, de mi honor? Pero mi lengua, ¿cómo, hasta tomar venganza, puede articular mi afrenta? ¿No basta que por tu causa dejé en el Perú mi hacienda, mis padres, y lo que es más, mi honra infelice, pues queda con mi venida, del vulgo a la calumnia sujeta; y que a don Pedro de Rojas mi hermano su infamia sepa, que hoy en el Perú se halla sirviendo, para que tengan este borrón sus hazañas y su valor esta afrenta? ¿No basta, ingrato, no basta,

que yo siguiéndote venga,
porque tuve allá noticia,
que estabas en las fronteras
de Arauco, y en este trago
a los rigores expuesta
de la Fortuna, me entregue
a las ráfagas inquietas
del mar, que compadecido
tuvo de mí más clemencia
que tú; pues en fin, me puso
en la arenosa ribera
de Arauco? ¿No basta, ingrato,
que noticia de ti tenga,
que te busque mi cariño,
que en un encuentro me prendan,
que prisionera me traigan,
que esclava por ti me vea,
que te solicite amante,
¡ay Dios!, para que agradezcas
de mi constante cariño
tan repetidas finezas?
¡Ay infeliz doña Juana
de Rojas! ¡Qué buena cuenta
has dado de tu recato!
Pero en llegando a mi ofensa,
loca me vuelve el dolor,
áspid me irrita la pena.
¿Para cuándo son los rayos,
para cuándo las centellas,
si de un traidor no castigo
la más injusta fiereza?
¡Venganza, cielos, venganza!
Pero pudiendo yo misma
tomarla, ¿para qué canso

        a los cielos con mis quejas?
        ¿Rayos no son mis suspiros?
        ¿Mi pecho no aborta un Etna?
        Pues muera... mas no, que nada
        con su muerte se remedia.
        ¡Cielos, piedad, que me abraso!
        ¡Clemencia, cielos, clemencia!
        Reducid a este tirano,
        que toda el alma me lleva.

(Sale Gualeva.)

Gualeva   ¿Español?

Juana (Aparte.)   (¿Si me ha escuchado?)

Gualeva   ¿De qué a los cielos te quejas?

Juana (Aparte.)   (Disimular me conviene.)
        No es mucho, araucana bella,
        que se queje un infeliz
        que la libertad desea,
        de verse esclavo.

Gualeva   ¿También
        hablando estás tú con ella?

Juana   Siempre ha sido apetecida
        la libertad.

Gualeva (Aparte.)   (Yo estoy ciega.)
        Pues yo sé de un alma, ¡ay triste!,
        que se halla ufana y contenta
        sin libertad.

Juana   Singular
debe de ser, pues no hay regla
que no tenga una excepción.

Gualeva   ¡Qué discreto! O soy muy necia,
o algún cuidado te arrastra.

Juana   Aunque es mi razón grosera,
porque estando en tu poder,
no hay cuidado que lo sea,
no sé qué tiene este nombre
de esclavo.

Gualeva   Español, cesa.
¿Tú mi esclavo? Es desvarío.
(Aparte.)   (¡Ay amor, que te despeñas!)
Ciega me abraso en tus ojos;
y porque mejor lo veas,
ya estás libre.

Juana   Tus pies beso.

(Va a arrodillarse, y detiénela Gualeva.)

Gualeva   Levanta, que esta fineza
que hago contigo, conmigo
más de un cuidado me cuesta.
¿Son todos los españoles
como tú? Dime, ¿en la guerra
se usan estas blancas manos?
¿Tienen todos tu belleza?

Juana (Aparte.)   (Solo que me enamorase

	faltaba ahora a mi pena: pero aquí importa un engaño; que, pues yo me hallo de Fresia celosa, fingiendo que quiero a esta mujer, con ella me he de quedar, pues con esto averiguo mis ofensas.)
Gualeva	¿Qué respondes?
Juana (Aparte.)	(Buena estoy para enamorar de veras; pero esto ha de ser.) Señora, el respeto no me deja...
Gualeva	Habla, ¿de qué te suspendes?
Juana	Digo, divina Gualeva, que en tus ojos...
Gualeva (Aparte.)	(¿Qué? ¿Qué dices?)
Juana	(Ella me da mucha priesa, y yo a enamorar no acierto.) Digo, que si tú quisieras, mi amor rendido...
Gualeva	Prosigue.
Juana	A tu divina belleza está ya...
Gualeva	Pues, español, hablemos claro. La mesma

	inclinación me has debido. Desde hoy el alma se emplea en amarte.
Juana	Soy tu esclavo.
Gualeva (Aparte.)	(¡Qué gloria, cielos!)
Juana (Aparte.)	(¡Qué pena!)
Gualeva	¿Cómo te llamas?
Juana	Don Juan.
Gualeva	Pues, don Juan, una advertencia tiene que hacerte mi amor.
Juana	¿Cuál es?
Gualeva	Que aunque libre quedas, en Arauco has de quedarte.
Juana (Aparte.)	Me agravia que esto me adviertas. (Cuando solo por quedarme he fingido esta cautela.)
Gualeva	¿Serás firme?
Juana	Soy tu amante,
Gualeva	¿Iráste?
Juana	Eres mi cadena.

Gualeva	Ven, mi don Juan.
Juana	Ya te sigo.
Gualeva	¡Qué alegría!
Juana	¡Qué tristeza!
Gualeva (Aparte.)	(Venciste, Amor, pues lograste de este español las finezas.)

(Vase.)

(Salen el marqués de Cañete, barba, con bastón de general, don Diego de Almagro con béngala, don Pedro de Rojas y soldados españoles de acompañamiento.)

Marqués	Españoles valientes, cuyos hechos altivos y eminentes un mundo y otro aclama, aun no cabiendo en ellos vuestra fama: y veis en el estado que el bárbaro rebelde, levantado, después de tantas glorias, ha intentado postrar vuestras victorias; pues loco y atrevido —de pensarlo, por Dios, estoy corrido— olvidado —sin duda, que es aquesto— de quien sois, a esta plaza sitio ha puesto y es mengua, que la acción les he envidiado que un marqués de Cañete esté sitiado.
Diego	Dos convoyes han rato.

Marqués	Tienen traza, según los miro, de asaltar la plaza.
Diego	A tu sombra, señor, hoy en los muros defendidos estamos y seguros.
Marqués	Buen don Diego Almagro, vuestro brío no tan solo averigua el valor mío; pues dando a España glorias, le servís de muralla y de victorias.
Diego	Vuecelencia en honrarme...
Marqués	Poco digo que esto mejor lo sabe el enemigo. Don Diego, hablemos claro, yo deseo, aunque el inconveniente grande veo, cuando somos tan pocos, dar castigo a estos bárbaros, que locos hoy me tienen sitiado; y no es para un endose lo Mencerrado; y aunque hay más de quinientos para cada español, hoy mis intentos se han de lograr. ¡Por vida de los dos, que he de hacer una salida! ¿Qué os parece?
Diego	Señor, que acometamos, que alentándonos vos, menos bastamos, aunque para cualquiera cien mil mundos de bárbaros hubiera.
Marqués	Vos, don Pedro de Rojas, que valiente siempre unís lo bizarro y lo prudente,

	¿cuál vuestro voto es?
Pedro	Seguir osado, pues Vuecelencia lo ha determinado.
Marqués	¡Por vida mía!, Don Pedro, en este intento decid desnudo vuestro sentimiento.
Pedro (Aparte.)	Estando de por medio vuestra vida, (Ya negarle no puedo esta salida, aunque el valor heroico lo ha dictado.) me parece, según en el estado que está el socorro que esperamos, era mucho mejor, señor, que no se hiciera; porque juntos con él, si el cerco dura, está nuestra victoria más segura.
Marqués	Andad, señor, y ¿a mí qué me debiera si con ese partido acometiera? ¿Sufrir un cerco yo?, ¿quién tal ha dicho? No sufre tanta flema mi capricho. Salir, señor, intenta mi denuedo, que pensarán, por Dios, que tengo miedo. Si el socorro llegare, ¿es mal partido que al enemigo encuentro ya vencido?
Pedro	Éste mi sentir es, mas al suceso no ha de faltar mi espada.
Marqués	Bueno es eso, ella sola ha de darme la victoria.
Pedro	De tu valor se espera mayor gloria.

Diego	Mirad, don Pedro, vos habéis llegado
	poco habrá del Perú, sois gran soldado,
	bien lo dice el valor que en vos se halla,
	pero no conocéis a esta canalla;
	porque son tan valientes,
	y de esotros de allá tan diferentes,
	que porque todos sus hazañas vean,
	con disciplina militar pelean.
	Y es mengua de soldados,
	ver que nos tengan hoy acorralados,
	sin opósito suyo, pues parece,
	que de nuestra omisión su orgullo crece;
	y así, para su estrago,
	no hay sino darles hoy un Santiago,
Marqués	¡Y como que lo creo
	de vuestro gran valor!
Diego	Ya mi deseo
	quisiera verlo todo ejecutado.

(Sale Mosquete.)

Mosquete	Gracias le doy al cielo que he llegado.
Diego	¿Mosquete?
Mosquete	¿Señor?
Diego	¿De dónde vienes
	con tanta prisa?
Mosquete	¡Buena flema tienes!
	Prisionero me vi del enemigo.

Diego	¿Qué dices?, ¿es verdad?
Mosquete	Lo que te digo; y tú has sido mi norte y aun mi estrella, porque en oyendo una araucana bella tu nombre, libertad me dio al instante, y me dijo...
Diego	No pases adelante, que está el marqués aquí.
Mosquete (Aparte.)	(Pues oye. Mira que traigo mucho que contarte.)
Diego	Luego me lo dirás.
Marqués	Ese soldado, dime, ¿quién es?
Diego	Mosquete, mi criado. Llega, Mosquete a que el marqués te vea. Mosquete, acaba.

(Llega al marqués.)

Mosquete (Aparte.)	(Lo que mosquetea.)
Marqués	Tiene buena presencia.
Mosquete	Menor mosquete soy de Vuecelencia.
Marqués	Hoy es el día, españoles míos, que necesito más de vuestros bríos;

	y pues lo deseamos,
	éste el orden será.
Mosquete	Ya le aguardamos.
Marqués	Por la parte del río importa mucho,
	Don Diego, que salgáis... pero, ¿qué escucho?

(Suena dentro un clarín.)

Diego   Llamada han hecho.

Marqués   Ya me da cuidado.
               ¿Qué puede ser?

Sale un soldado.

Soldado   Señor, es un soldado
               del real del enemigo,
               que a boca quiere hablarte.

Marqués   Que entre, digo.

Soldado   Ya licencia tenéis, entrad, soldado.

(Sale Caupolicán, disfrazado.)

Caupolicán (Aparte.)   (No he querido fiar de otro cuidado,
               aunque es hacer a mi decoro ultraje,
               esta acción; y así, vengo en este traje
               solo, no porque vengo yo conmigo,
               a saber la intención del enemigo.)

(Llega.)

|Apolo os salve, soldados!
¿Cuál es aquí de vosotros
el gran marqués de Cañete?

Marqués   Di, araucano, ya te oigo.

Mosquete (Aparte.)   (Parece, si no me engaño,
que aqueste galgo conozco.)

Caupolicán   El grande Caupolicán,
del orbe terror y asombro,
General de Arauco y Chile,
reino a su grandeza corto,
a ti el marqués de Cañete,
salud envía en Apolo,
para que conozcas yerros
que te han de ser tan costosos,
si sabéis que ya la hambre
con torcedores ahogos
os debilita, y los días
os va consumiendo sordos.
Lo que a decirte me envía
es, que a saber vengo solo
de vuestra altiva porfía,
si el medio os ha vuelto locos;
porque si sabéis que está
su ejército numeroso
sobre esta plaza, y que sois
para su defensa pocos;
si sabéis que es imposible
que os venga ningún socorro,
y aunque os viniera, españoles,
el de Marte, fuera ocioso,

                        ¿a qué aguardáis castellanos?
                        ¿Cómo, altivos ciegos, cómo
                        queréis ser vosotros mismos
                        enemigos de vosotros?
                        Rendíos al punto, que un día
                        tenéis de plazo; y si locos,
                        en este término, os tiene
                        la ceguedad perezosos,
                        por esa divina antorcha
                        que el cielo devana a tornos,
                        y ese encendido cometa
                        de ese cristalino globo,
                        que no ha de quedar almena
                        que no se convierta en polvo.
                        Mi vida, que de su saña
                        no sea indigno despojo,
                        esto me envía a decirte,
                        tu respuesta aguardo solo.

Diego (Aparte.)   (¡Esto escucho! ¡Voto a Dios...!)

Marqués   Aunque tu gran desahogo,
                        araucano, merecía
                        más respuesta que mi enojo;
                        y aunque no te vale el fuero
                        de embajador que es impropio
                        en ti porque de traidores
                        embajador no conozco;
                        porque vuelvas la respuesta,
                        aquesta vez te perdono.
                        A Caupolicán le di
                        que ahora no le respondo
                        de palabra, porque quiero
                        ir en persona yo propio

| | a castigarle en campaña. |
| | Habláis mucho y obráis poco. |

Diego (Aparte.)   (Yo he de reventar, sin duda
                  si los cascos no le rompo.)
                  Descomunal araucano,
                  altivo y presuntuoso,
                  que fundas tu bizarría
                  en lo adusto y en lo bronco;
                  el marqués no ha de salir,
                  porque fuera empeño corto
                  a su valor. Yo saldré,
                  que soy el menor de todos
                  los que ves, y voto a Dios,
                  que si en campaña le cojo
                  —sin llegar mi espada a él,
                  que es un bárbaro asqueroso—
                  le he de enviar al infierno
                  tan solamente de un soplo;
                  y si acaso —que sí harán—
                  no le quieren los demonios,
                  volverá carbón, con que
                  nos calentemos nosotros.

Caupolicán   De tus soberbias palabras,
                  castellano, no me corro,
                  cuando habláis como mujeres
                  encerrados, y propongo
                  decirle a Caupolicán
                  que os envíe sin enojos
                  alguna labor que hagáis,
                  porque no estéis tan ociosos.

Diego   Bárbaro, ¡viven los Cielos!,

   que has de ver...

Acomete y detiénele el marqués.

Marqués   Don Diego, ¿cómo
   estando presente yo?

Diego   Por ti, señor, me reporto.

Marqués   Dile a ese bárbaro ciego,
   que luego al punto dispongo
   sacar mi gente en campaña.

Caupolicán   Esa palabra le tomo.

Marqués   Presto la verás cumplida.

Caupolicán   ¡Desdichados de vosotros
   si intentáis esta locura!

Marqués   Vete en paz.

Caupolicán   Guárdeos Apolo.

(Vase.)

Diego   ¡Vive Dios!, ¡señor, que es mengua
   de españoles valerosos
   que de un bárbaro suframos
   esta befa y este oprobio!

Marqués   Bien decís; y así, don Diego,
   como os he dicho, dispongo,
   que por la parte del río

	salga vuestro pecho heroico
	a darles el Santiago.
Diego	De lo que tardo me corro.
Marqués	Vos, don Pedro, por la parte
	que mira al real, animoso
	habéis de salir con orden
	de hacer al bárbaro rostro,
	y retiraos si acaso
	empeña su resto todo,
	que yo en Santa Fe quedo
	para iros dando socorro.
	Ea, españoles, partíos luego,
	y vaya Dios con vosotros.
Diego	Toca al arma.
Pedro	Al arma toca.
Marqués	Ea, españoles famosos,
	Santiago y cierra España.

(Éntranse sacando las espadas.)

Mosquete	Allá vais con mil demonios:
	solo Mosquete se queda,
	que Mosquete no está loco
	para que ahora dispare,
	que es un hombre escrupuloso,
	y no sale, que no quiere
	que le sacudan el polvo.
	Ve aquí que salgo, y un indio
	me apunta y me saca un ojo,

porque tira muy derecho,
aunque tiene el arco corvo.
Ve aquí, que con una cuerda
remangado hasta los codos,
hecho verdugo de mártir,
hacia mí se viene otro.
Saco la cruz, y le digo
—tente, que no estoy de modo
que me despaches a ser
vecino del Flos Sanctorum—.
Ya han salido. Ya se traba
la escaramuza, y el plomo
reparte sus peladillas.

(Disparan. Dentro Caupolicán.)

Caupolicán   ¡Araucanos valerosos,
                  hacia el río, que nos cortan!

(Dentro Diego.)

Diego   ¡Todos para mí sois pocos!

Mosquete   Aquí estoy mal; ahora bien,
                  yo me voy a aquel rastrojo
                  a decir que he peleado
                  más que ninguno de todos.

(Vase. Dentro ruido de batalla, y sale don Diego retirando algunos indios, y mételos a cuchillados.)

Diego   ¡A ellos, fuertes castellanos!

Indios   ¡Huyamos, que son demonios!

(Vanse, y salen dos soldados españoles retirando a Fresia.)

Soldado 1   Ríndete, araucana.

Fresia   Infames,
            mal mi orgullo valeroso
            conocéis; de aquesta suerte
            me rindo yo. ¡Vive Apolo,
            que se me cayó el acero!

(Cáesele.)

Soldado 2   Date a prisión.

Fresia   Cielos, ¿cómo
            consentís aquesta injuria?

(Sale don Diego.)

Diego   Hacia aquí las voces oigo.
            ¿Qué es aquesto?

Soldado 1   Gran don Diego
            de Almagro...

Fresia   ¿Qué escucho?

Soldado 2   Solo
            haber hecho prisionera
            esta araucana.

Diego (Aparte.)   (¡Mis ojos
            no han visto tal hermosura!)

51

Fresia (Aparte.)   (Ya por mi mal le conozco,
               y hallo en él cuanto la idea
               me propuso.)

Diego   Oíd vosotros.
               Idos.

Los dos   Ya te obedecemos.

(Vanse.)

Diego   ¿Quién eres, divino monstruo?
               ¿Quién eres, que como diosa,
               hoy a tus plantas me postro?

(Levanta el acero y se lo da.)

               Vuelva el acero a tu mano,
               vibra en mi pecho tu odio;
               pero no, que ya me has muerto
               con los rayos de tus ojos.
               Y porque sepas que yo
               soy tu prisionero solo
               —por que tu vista a mi gente
               no cause algún alboroto—
               en ese bruto, que miras
               atado a ese verde tronco,
               te pon, y vete a tu real.

Fresia   A tu valor reconozco
               la libertad y la vida.

(Dentro Tucapel.)

Tucapel	Araucanos animosos, Fresia no parece.
Fresia (Aparte.)	(¡Cielos, mi gente es ésta! ¿Qué oigo?)

(Salen Tucapel, Rengo, y soldados indios.)

Tucapel	¡Ah, traidores! ¿Cómo así queréis robar el tesoro de Arauco cuando el Sol mismo no le merece en su solio?
Rengo	Muera, ¿qué aguardo?
Fresia	Teneos.
Diego	Los traidores sois vosotros.

(Riñe don Diego con todos y Fresia le defiende poniéndose delante, y sale doña Juana de hombre, con la cara cubierta, y pónese al lado de don Diego con la espada desnuda.)

Juana	Caballero, a vuestro lado me tenéis, ánimo.
Fresia	¿Cómo, villanos, si le defiendo, osáis altivos y locos ofenderle?
Tucapel	¿Qué razón moverte puede?

Fresia   Oídme todos:
A este castellano debo
la libertad, pues su heroico
pecho libre me enviaba,
cuando llegasteis vosotros;
y puesto que se le ofrece
a mi aliento generoso
ocasión en que le pague
la deuda del mismo modo,
nadie le ofenda, soldados,
venid siguiéndome todos:
y tú, castellano al punto
en ese bruto fogoso
que me ofrecías, te parte
al fuerte, advirtiendo solo,
que no solamente son
los de Arauco valerosos,
sino que hasta las mujeres
tiene este aliento propio.

Juana (Aparte.)   (Y yo de que le defienda,
me abraso en celos rabiosos.)

Tucapel   Solo porque quedes bien,
templa Tucapel su enojo.

Fresia (Aparte.)   Seguidme pues. (¡Ay, don Diego,
dueño del alma te nombro!)

(Vanse.)

Diego   ¡Ay, araucana divina,
cautivo quedo en tus ojos!

Juana (Aparte.)	(¡Ah falso! Pero no es tiempo de descubrirme.) Animoso caballero, montad luego, y poned la vida en cobro, que yo os aseguro el campo.
Diego	A vuestro aliento brioso, caballero, agradecido estoy. ¿Quién sois?
Juana	Eso solo es imposible deciros.
Diego	Pues si no os declaráis, ¿cómo podrá mi pecho pagaros la deuda que reconozco?
Juana	Mas me debéis que pensáis.
Diego	Pues, ¿por qué encubrís el rostro?
Juana	Porque me importa encubrirme.
Diego	¿Conoceisme?
Juana	Ya os conozco, y algún día os pediré la paga.
Diego	Seré dichoso.

(Tocan.)

                    A recoger han tocado.

Juana   Pues, caballero brioso,
  idos al fuerte, que yo
  al real de Arauco me torno.

Diego   Apartarme de vos siento.

Juana   Yo evitaré los estorbos
  para estar siempre con vos.

(Tocan.)

Diego   No os entiendo.

Juana   Yo tampoco.

Diego   Segunda vez han llamado.

Juana   Adiós.

Diego   Adiós. Yo voy loco
  de ver un hombre tan raro.

(Vase.)

Juana   Fementido y alevoso,
  yo haré que pagues mi amor,
  que aunque te abrasan los ojos
  de Fresia, estorbar sabré
  tus intentos cautelosos.

                    Fin de la primera jornada

Jornada segunda

(Sale doña Juana, de hombre.)

Juana Amor, ya he llegado a ver
la fuerza de tu rigor.
¿Qué es lo que quieres, Amor,
de una infelice mujer?
 Si tu violenta porfía
de mí misma me enajena.
¿Qué es lo que me quieres, pena,
que aun no me dejas ser mía?
 Don Diego, aleve y traidor,
de mí, con injusto trato,
se olvida y me deja ingrato,
cuando es dueño de mi honor.
 Ya con cariño leal
solicito su desdén,
que solo yo sirvo bien
a quien sabe pagar mal.
 Y porque no se mejore
mi suerte, halla mi quimera
una mujer que le quiera,
y otra que a mí me enamore.
 Fresia, para darme enojos
le quiere; y él, claro está,
que su afecto pagará,
pues me lo han dicho sus ojos.
 Gualeva muy cariñosa,
porque padezca este ultraje,
me adora, que en este traje
debo de ser más dichosa;
 y entre estas burlas y veras
lidiando está mi cuidado.

>   Fortuna, ¿dónde has hallado
>   tanto tropel de quimeras?
>   Pero pues ya me quedé
>   en Arauco, y en rigor
>   Gualeva me tiene amor,
>   con esta industria podré
>   de los dos saber mi daño,
>   centinela de mi honor;
>   pues lo que hiciere su amor,
>   sabrá deshacer mi engaño.

(Sale Fresia por el otro lado.)

Fresia   Amor, que en dulces despojos
                      usurpaste a mis sentidos
                      la vista por los oídos,
                      y la atención por los ojos,
                        ¿dónde tus engaños van,
                      tirano, que no lo sé,
                      pues injuriando la fe
                      que debo a Caupolicán,
                        a un cristiano mi albedrío
                      has rendido de manera
                      que no soy la que antes era?
                      ¿Qué no hará tu desvarío?
                        De Fresia, ¿ha de haber quien diga,
                      que a otro amor su afecto da?
                      Pero allí el cristiano está.

Juana   ¡Cielos, ésta es mi enemiga!

(Al paño Tucapel.)

Tucapel   A Fresia, determinado

	viene siguiendo mi amor,
	a decirle —¡qué rigor!—
	que es imán de mi cuidado.
	Pero no es posible ahora,
	que está el español allí.

Fresia   Cristiano, ¿qué haces aquí
tan solo?

Juana (Aparte.)   (¡Ah, ingrata!)
                            Señora,
no tengas a novedad
hallar solo a un afligido,
pues de un triste siempre ha sido
alivio la soledad.

Fresia   Triste tú, ¿por qué razón?
¿No has mejorado tu suerte?

Juana (Aparte.)   (Tú pudieras responderte,
pues eres tú la ocasión.)

Fresia   Mi prima Gualeva, di,
que aquesto bien lo sé yo,
¿la libertad no te dio?

Juana   Sí señora, eso es así.
   Y aunque lograrla pudiera,
traigo un cuidado cruel,
y hasta que acabe con él
he de estar de esta manera.

Fresia   A lo que llego a entender,
español, de tu cuidado,

	creo estás enamorado
	en tu tierra.

Juana   Puede ser,
y aun aquí que lo estoy siento.

Fresia   ¿A quién tu amor se rindió?

Juana   Pienso que estamos tú y yo
en un mismo pensamiento.

Fresia   No te entiendo, y pues los dos
solos estamos ahora,
dime, ¿a quién quieres?

Juana   Señora,
son cuentos largos, por Dios.
  A un sujeto mis desvelos
se han rendido y se han postrado,
que por otro me ha dejado.

Fresia   ¡Mal haya quien te da celos!

Juana   ¡Mil veces mal haya, amen!

Fresia   Y pues tú me has declarado,
que quieres bien, mi cuidado
he de fiarte también.

Tucapel   Con mil sobresaltos lucho.

Fresia   Sabe, que amor me condena
a la más terrible peña:
pues a un español...

Tucapel	¿Qué escucho?
Fresia	Se rindió el orgullo mío; y como, en fin, soy mujer...
Tucapel	Esto me importa saber.
Fresia	...es dueño de mi albedrío quisiera sin embarazo verle esa noche.
Juana (Aparte.)	(¡Ah traidora!)
Fresia	¿Qué me respondes?
Juana (Aparte.)	Señora, (¡Quién te hiciera mil pedazos!) por aliviar tu dolor, y porque se te olvidara, vida y alma aventurara.
Fresia	Pagas en eso mi amor. ¿No conoces a un don Diego de Almagro, a quien hoy la fama, por el más valiente aclama?
Tucapel	¿Esto escucho? ¡Yo estoy ciego!
Fresia	Sí, bien lo conocerás, pues en la presencia mía de él hablaste mal un día, y he de saber, ¿por qué estás mal con él?

Juana	Aunque es así,
	que mal de don Diego hablé,
	nada en don Diego se ve
	que pueda importarme a mí.
	En mi tierra loco y ciego,
	don Diego a una dama vio,
	y don Diego la turbó.
Fresia	No ha visto tanto don Diego.
	¿Eso, qué te importa a ti?
Juana	A mí nada, claro está.
Tucapel	La paciencia pierdo ya.
Juana (Aparte.)	(¿Celos, qué queréis de mí?)
Fresia	Yo, en fin, a don Diego adoro,
	bien te lo ha dicho mi fe,
	sin él no vivo; y aunque
	es arriesgar mi decoro,
	delante de ti un recado,
	como sabes, le envié;
	y pues no viene, se ve
	que no se lo dio el criado;
	y así, español, yo quisiera...
Juana	¿Quisieras, si se repara,
	que yo mismo le llevara,
	para que a verte viniera,
	otro aviso en conclusión?
Fresia	Leíste el intento mío.

Juana	¿Te espantas? Más que en el mío estoy en tu corazón.
Fresia	A darle este aviso irás, pues fío mi amor de ti.
Juana	Y si él no viene por mí, no tienes que aguardar más.
Fresia	Ve a darle luego el recado, y a sacarme de este abismo.
Juana	Haz cuenta que es uno mismo tu cuidado y mi cuidado.
Fresia	Yo te seré agradecida, si con dicha a verme llego.
Juana (Aparte.)	(O no has de ver a don Diego, o me ha de costar la vida.)

(Vase.)

Tucapel	¿A qué aguardan mis enojos, si estoy de coraje ciego?
Fresia	¡Ay, español! ¡Ay don Diego! ¿Cuándo te han de ver mis ojos? Apolo, tú que el secreto sabes de mi lengua muda. dime, ¿vendrá?

(Sale Tucapel.)

Tucapel	¿Quién lo duda?
	Yo, Fresia, te lo prometo,
	que no es muy dificultosa
	esta empresa.
Fresia (Aparte.)	(Hado cruel,
	¿si me oyó hablar Tucapel?)
Tucapel	Escúchame, Fresia hermosa:
	Divina araucana bella,
	en cuyas luces anima
	el Sol sus flamantes rayos,
	para que amanezca el día.
	No me espanto que al amor
	tu altivez hermosa rindas,
	que en tu mismo cielo tienes
	los astros con que te inclinas.
	Solo siento, cuando hay tantos
	en Arauco que te sirvan
	y que te adoren, pues yo
	al combate de tus iras,
	ha mil siglos que en tus ojos
	ardo solamente viva,
	que a un español, que a un cristiano
	ciegamente inadvertida,
	entregues tu amor, sin ver
	que te ofendes a ti misma.
	Corrido de hallarte humana
	estoy al verte divina.
	¿No sabes, que de sus cascos
	nuestra insaciable ojeriza
	hace valer, que en tu mesa
	la hidrópica sed mitigan?

           Pero ya que estás resuelta
           a quererle, pues le envías
           a llamar, desprecio haciendo
           de mis hidalgas fatigas,
           hoy a tus ojos prometo
           traer su cabeza misma;
           porque quien viere tu amor
           puesto en un cristiano, diga,
           que Tucapel de esta infamia
           a los araucanos libra.

Fresia (Aparte.) (Aquí importa mi valor.
           De escucharle estoy corrida.
           Pero mi rigor con él
           me disculpe, pues peligra
           mi honor, si le riño ahora
           con blandura su osadía.)
           Dos delitos, Tucapel,
           con tus razones indignas,
           has cometido: primero,
           que estando en presencia mía,
           sin el respeto debido
           a mi honor, que a par se mira
           del Sol, pues a él comparado
           arde con centellas tibias,
           ciego me declares ese
           bárbaro amor que publicas;
           el segundo, no, el primero,
           bien dice, y lo que más me irrita,
           es que atrevido, villano,
           y descompuesto me digas,
           que a un español rinde Fresia
           su amor, cuando no mitigan
           mares de sangre cristiana

                    la sed insaciable mía.
                    ¿Yo afición? ¿Qué es afición?
                    ¿Yo caricia? ¿Qué es caricia?
                    Cuando yo misma me corro
                    de que mi voz lo repita.
                    imientes, villano!

Tucapel   Oye, Fresia.
                    Considera, advierte, mira,
                    que yo lo escuché y no puedes
                    negarme lo que publicas.

Fresia   Es verdad, pero hay palabras,
                    que aunque suenan mal oídas,
                    el intento que las mueve
                    suele tal vez desmentirlas.
                    Yo le llamé, no lo niego,
                    para quitarle la vida
                    Con este engaño...

(Aparte.)   (¡Ay don Diego,
                    perdóname esta mentira!)
                    ...porque me corro a ver
                    que sus hazañas altivas
                    borren las que de vosotros
                    hoy tiene la fama escritas;
                    aquésta fue mi intención,
                    y ¿piensas tú...?

Tucapel   No prosigas,
                    que en tu disculpa engañosa
                    te confiesas concluida.
                    Doy, que llamarle tu voz
                    para ese intento sería:
                    doy que viene, y que tú, Fresia,

>   con esos ojos le miras.
>   ¿Dejarán de ser hermosos,
>   aunque de rigor los vistas?
>   ¿No es preciso que se muera,
>   si con atención los mira?
>   Luego ya de tu favor,
>   y no del rigor peligra;
>   pues, ¿no muere de tu enojo
>   el que muere de su dicha?
>   Y así para que no tenga
>   esta vanidad precisa,
>   pues verle muerto deseas,
>   yo haré, tirana enemiga,
>   que con su cabeza veas
>   hoy mi promesa cumplida.

(Vase.)

Fresia   ¡Ay, Amor, cierta es mi muerte!
         que si don Diego peligra
         al rigor de este tirano,
         ¿para qué quiero la vida?
         Bien parece que eres mío,
         pues empiezas con desdicha.
         Mas, ¿cómo de mi valor
         me olvido cuando yo misma
         puedo remediar del alma
         la amenazada ruina?
         Siguiendo iré a Tucapel,
         que en dos acciones distintas,
         si aventuro mi recato,
         el amor es quien me obliga.

(Vase. Salen don Diego y Mosquete.)

Diego	Grandes fueron los estragos que en los bárbaros hicimos.
Mosquete	Sí, mas por Dios, que nos vimos bebiendo la muerte a tragos.
Diego	Notable el número fue, que de enemigos cargó.
Mosquete	Si no estuviera allí yo, se perdiera Santa Fe. valiente mi acero andaba.
Diego	Yo en el campo no te vi.
Mosquete	Con la sombra me encubrí de los que despabilaba. A un araucano encontré lampiño, y le di tal bote, que a su pesar, de un bigote, en un árbol le colgué.
Diego	Un lampiño, ¿cómo, di, pudo bigotes tener?
Mosquete	Le empezaban a nacer de miedo de verme a mí. A otro araucano marrajo, mira mi fuerza la que es, solamente de un revés le eché en el río Tajo.
Diego	Calla, loco.

Mosquete	¿Qué te inquieta?
Diego	Que eres un gallina digo.
Mosquete	Tú, comparado conmigo, eres un niño de teta.
Diego	Por Dios, que me vi perdido, si aquella hermosa araucana que te dije, soberana, no me hubiera defendido.
Mosquete	Admirado me ha dejado lo que de ella hoy refieres; mas tú con estas mujeres eres muy afortunado; pues tienes, rara quimera, una, que con dicha extraña, te defiende en la campaña; otra, que en el real te quiere. Fresia, a tu fama obligada, pide la vayas a ver; déjate, Fabio, querer, pues que no te cuesta nada.
Diego	¿Fresia se llama? Sin duda que es la que me defendió, porque ese nombre le dio su gente.
Mosquete	Pues si te ayuda, no ir a verla es disparate. Necio en no hacerlo serás;

	enamórala y tendrás
para el sitio chocolate.
Diego	Calla, loco.
Mosquete	Sin empachos,
hoy te has hallado un tesoro;
pues tendrá más tejos de oro,
que hay cabezas de muchachos.
Diego	Ya a verla determinado
estoy, aunque el riesgo infiero;
mas será bien que primero,
pues tú con ella has estado,
y su tienda sabes, vayas
a prevenirla.
Mosquete	Eso no,
en que vayas vengo yo,
y luego allá te lo hayas.
Diego	Necio es tu recelo, puesto
que libre por mí te ves.
Mosquete	El marqués sale.
Diego	Después
hablaremos más en esto.

(Salen el marqués, don Pedro de Rojas, y acompañamiento.)

| Marqués | Gran día, por Dios, don Pedro,
que estábamos ya apretados. |

Pedro	Señor, aunque vuecelencia
	con su corazón bizarro,
	siempre muro incontrastable
	a la defensa y reparo
	de la plaza asiste, al cerco
	nos aprieta el indio tanto,
	que era imposible...
Marqués	Don Pedro,
	no el peligro he de negaros;
	pero es más nuestro valor.
	Don Diego, ¿tan retirado?
	¿Cómo, si somos amigos,
	a darme no habéis llegado
	el parabién del socorro
	que ya tan cerca miramos?
	En fin, el Perú ha servido
	fino al rey.
Diego	Tales vasallos
	nunca pueden obrar menos.
Marqués	Saben muy bien obligarlo,
	y al valle de Tucapel
	entran las tropas marchando
	con don Alonso de Ercilla.
Diego	Es muy valeroso cabo
	para la caballería,
	y con Reinoso a su lado
	pueden ceder a sus glorias
	los Césares y Alejandros.
Marqués	Don Diego, lo que me admira,

	es ver que los araucanos,
	según expertos están
	ya en la guerra, viendo cuanto
	importa aqueste socorro,
	reconociendo su daño,
	no hayan salido a impedir
	a nuestras tropas el paso.

Diego   Muy difícilmente entraran
           si en el estrecho del lago
           hicieran la oposición.

Marqués   Ha sido descuido raro.

Diego   Toda la fuerza en el sitio
           esta plaza han ocupado.

Marqués   Sin embargo, admira mucho
           ver que se hayan descuidado,
           sin mirar este peligro,
           y más cuando tan soldados
           están ya; porque, decidme,
           ¿no os causa notable espanto
           ver, que sepan hacer fuertes,
           rebellines y reparos,
           abrigarse de trincheras,
           prevenirse a los asaltos
           y jugar armas de fuego?
           No pudieran hacer tanto
           si toda la vida en Flandes
           se hubieran disciplinado.

Diego   Tan diestros, como nosotros,
           manejan ya los caballos.

Pedro	Mas es verlos como visten el duro peto acerado.
Mosquete	Y habrá quien diga que en cueros pelean como borrachos; pues la fuercecilla es boba: vive Dios, que hay araucano que trae una viga al hombro, que no la llevara un carro.

(Suena un clarín.)

Marqués	¿Qué es aquesto?
Mosquete	Gran señor, fuera del muro han tocado un clarín.
Diego	Y hacia la plaza viene un bárbaro llegando a caballo.
Marqués	Otra amenaza nos traerá, como el pasado.
Diego	Ya a las murallas se acerca.

(Sale Tucapel por el patio en un caballo en cerro, con una liga por freno, estribos de cuerda, y un indio con una trompeta.)

Tucapel	Valerosos castellanos, si mi presencia no os causa, antes de mi nombre, espanto,

      diré quien soy, que esta salva
      es fuerza haceros, juzgando,
      que si antes digo mi nombre,
      moriréis de sobresalto.

Marqués   Bárbaro, quién eres, di
      que aunque altivo y temerario
      piensas matar con las voces,
      no son las palabras manos.

Tucapel   Bien las teméis, españoles,
      pues demuestra a los cercados
      el valor que hay en nosotros
      no podéis aseguraros;
      pero para no cansarme
      de voces, que es escusado,
      cuando el acero pretende
      ser mejor lengua en el campo,
      diré en breve a lo que vengo
      si es que podéis escucharlo.
      Yo soy Tucapel, en quien
      consiste todo el Arauco
      y el mundo, que todo el mundo
      es corta empresa a mi brazo.
      A una dama le ofrecí,
      a quien amante idolatro,
      a quien rendido me postro
      por deidad y por milagro
      de hermosura, pues el Sol
      es de su belleza un rasgo,
      la cabeza de don Diego,
      ése que llaman de Almagro;
      que, porque dicen que es
      valiente, se le ha antojado.

Y porque siempre a las damas
he cumplido lo que mando,
a don Diego desafío
cuerpo a cuerpo por no errarlo;
pues si como me pidió
su cabeza, las de cuantos
ahí se encierran me pidiera,
ya en la plaza hubiera entrado,
y todas se las llevara
a la cola del caballo.
Ea, españoles, si el valor
ambicioso de honra tanto
puede con vosotros, que
de otro mundo aqueste os trajo,
salir conmigo a campaña
os lo asegura, y si osado
sale don Diego, su fama
volará en vuelo más alto
que dan laurel mis historias
a la muerte del contrario,
y a lo dicho responded,
que me corro en lo que tardo.

Diego   Bárbaro, yo soy don Diego,
y porque deslumbrado
otra vez no hagas promesa
que no has de cumplir, al campo
saldré luego, y voto a Dios,
que el antojo temerario
de esa dama ha de cumplir
tu cabeza, que no es malo
a un antojo de una perra,
enviarla una de un galgo.

Tucapel	Pues, español, ya que estás
de tu valor confiado,
en la fuente de oro espero,
y hoy de Sol a Sol te aguardo,
si te atreves a salir,
donde verás que mi brazo
para hacerte polvo, es
relámpago, trueno y rayo.

(Vase.)

Diego	Tras ti voy.

(Hace que se va.)

Marqués	Teneos, don Diego,
¿pues a dónde vais?
Diego	Al campo,
a quitarle la cabeza,
y a enviársela en un palo
a su dama, para el muelle.
Marqués	Pues vuestro aliento bizarro
perdone esta vez, porque
no podéis salir al campo.
Diego	¿Cómo que no? ¡Voto a Dios...!
Marqués	Ea, don Diego, templaos;
ved que estáis en mi presencia,
y que yo soy el que os mando
que no salgáis, pues no os toca
el duelo estando cercado.

Diego	Vive Dios, que vuecelencia
es terrible.
Marqués	¡Reportaos!
¿Quién duda que sois valiente?
Ninguno; pues vuestro brazo,
no solo triunfe al rey,
sino provincias, le ha dado.
Yo soy vuestro general,
esta plaza al rey le guardo,
para defenderla solo
he menester los soldados;
que duelos particulares,
no plazas al rey le han dado.
Mirad si será mejor
para esta empresa guardaros,
que a lo que no necesito
dejaros salir al campo
Diego	¿Y mi pundonor?
Marqués	Ninguno
como yo sabrá guardarlo.
Sepa obedecer ahora;
que yo tomaré a mi cargo
su despique. Vos, don Pedro,
haced luego echar un bando,
que ninguno de la plaza,
por ningún modo, sea osado
a salir, pena de muerte;
y aquesta noche os encargo,
que corráis las centinelas
que están fuera.

Pedro	Mi cuidado hará todo lo que ordenas.
Marqués	El nombre os daré temprano. No estéis con pena, don Diego.
Diego	Yo, señor...
Marqués	Ya está acabado. No hemos de hablar más en esto, obedeced lo que os mando.
Diego (Aparte.)	Digo, señor, que obedezco. (No bien el lóbrego manto tenderá la noche al mundo, cuando por el muro osado baje a cumplir con quien soy.)
(Vase.)	
Marqués	¡Lo que siente el buen Almagro perder aquesta ocasión! Pero esto es preciso, vamos, que hay mucho que prevenir.
Pedro	Ya te seguimos.
Marqués	Por cuanto dejará un hombre valiente de sentir lo que ha pasado.

(Vanse. Sale doña Juana, en cuerpo, con una carabina.)

Juana
¡Qué oscura que está la noche!
aun no se divisa el cielo,
pues parece que sus sombras
se conforman con mi intento.
Del real salgo, y hacia el fuerte
de los españoles vengo,
acompañada de aqueste
áspid de metal y fuego
que acaso Fresia tenía
en su tienda. A ver si puedo
ver a don Diego esta noche,
para estorbarle a don Diego,
con un engaño, que vaya
a ver a Fresia pues veo
que si yo no se lo estorbo,
no tendrá mi mal remedio.
¡Buena me has puesto, Fortuna,
con tus extraños rodeos!
No soy mujer, soy soldado,
pues entiendo ya el manejo
de las armas. Mas, ¿qué mucho
si en la guerra de mi pecho,
mi amor es el general,
capitanes mis deseos,
artilleros mis cuidados,
y aun centinelas mis celos?

(Sale Mosquete.)

Mosquete
Lleven los diablos el alma
y el corazón del primero
que fue inventor de recados;
que viendo mi amo don Diego
el bando que ha publicado

	el marqués, y conociendo, que si sabe que ha salido de la plaza, mi pescuezo lo ha de pagar, temerario y tronera me haya hecho con esta noche salir de Santa Fe, con intento de que un recado la dé a Fresia. ¡Viven los cielos que está borracho!
Juana	¿Qué escucho? Pasos a esta parte siento. ¿Quién es? ¿Quién va?
Mosquete (Aparte.)	(Esto es peor; aquí me dan pan de perro.)
Juana	¿No responde? Pues yo haré con dos balas en su pecho dos bocas con que responda.
Mosquete	Tente, hombre de los infiernos, que yo con mi boca sucia diré quien soy.
Juana	Acabemos.
Mosquete	Soy un sastre comprador, que una tela estoy urdiendo, y ahora voy por el recado.
Juana	De chanza me habla.

Mosquete   Lo cierto
                es, que soy un soldado
                de Santa Fe.

Juana   Pierde el miedo;
                y dime, ¿qué capitanes
                hay en Santa Fe?

Mosquete   Dirélos:
                el de más fama es mi amo.

Juana   ¿A quién sirves?

Mosquete   A don Diego
                de Almagro.

Juana   Ya le conozco.

Mosquete   Es el segundo don Pedro
                de Rojas.

Juana   Aguarda, ¿quién?

Mosquete   Don Pedro de Rojas.

Juana (Aparte.)   (¡Cielos,
                si será aqueste mi hermano!)
                Dime, ¿aquese caballero
                ha mucho que está en Arauco?

Mosquete   Poco habrá, según sospecho;
                porque en el Perú servía.

Juana (Aparte.) (Él es. Fortuna, ¿este riesgo

81

	añades más a mi vida?)
	Dime; y tu amo don Diego,
	¿está enamorado?
Mosquete	Mucho.
	A una perra está queriendo,
	que por ella se le cae
	la baba.
Juana	¿Con tanto extremo
	la quiere?
Mosquete	Eso es cosa mucha.
Juana	Y de una dama, a quien ciego
	dejó en el Perú, ¿se acuerda?
	¿Débele algún sentimiento?
Mosquete	Aunque no la conocí,
	algunas veces le veo,
	así entre regañadientes,
	mascarla algunos requiebros;
	pero estotra se los come,
	y ahora voy como un trueno
	al real de los araucanos,
	a prevenirla que luego
	irá mi amo a visitarla.
Juana	Si allá vas, viven los cielos
	que te he de cortar las piernas.
Mosquete	Andaré muy bien con eso.
Juana	Vuélvete al fuerte, villano

	y dile a tu amo don Diego,
	porque su riesgo conozca,
	que esta dama tiene dueño;
	que la vida han de quitarle
	si es que no muda de intento;
	y a ti, solo porque lleves
	esta respuesta, te dejo
	sin darte dos cuchilladas.

Mosquete ¡Por Dios!, que fuera bien hecho,
y que de la cortesía
de usted no esperaba menos.

Juana ¿A qué aguardas?

Mosquete Ya me voy.
Esto y mucho más merezco
por alcahuete.

(Al irse por donde salió doña Juana, le echa por donde él salió.)

Juana Villano,
por ahí has de ir.

Mosquete Ya lo veo.
Adiós, mi rey, a mi amo
buena respuesta le llevo.

(Vase.)

Juana ¿No bastan, cielos, no bastan
los enemigos que tengo
en mi estrella y en mi amor,
en mi cuidado y mis celos,

          sin saber que esté mi hermano
          en Arauco? ¡El juicio pierdo!
          ¡Sin alma estoy!

(Sale don Pedro.)

Pedro   Mi cuidado
          viene ahora recorriendo
          Las centinelas, por ser
          del marqués mandato expreso.

Juana   Si no me engaño, a esta parte
          voces oigo.

Pedro   Pasos siento.
          ¿Quién va? ¿Quién es? Oye, hidalgo,
          el paso franco pretendo;
          hágase a un lado.

Juana (Aparte.)   (¡Ay de mí!
          que si no me engaña el eco,
          esta es la voz de mi hermano.)

Pedro   ¿No responde?

Juana (Aparte.)   (¡Santos cielos!,
          él aquí ha de conocerme
          si no busco algún remedio;
          pero fingiendo la voz,
          centinela hacerme quiero,
          pues aquesta carabina
          me ayuda para el intento.)
          Téngase allá.

Pedro (Aparte.)	(Centinela es sin duda.) Ya me tengo; pero he menester pasar. ¿Sois soldado de los nuestros?
Juana	De los castellanos soy.
Pedro	Dejad pasar a don Pedro de Rojas.
Juana	No le conozco, ni conociera al rey mesmo, sin darme primero el nombre: no me engañe, caballero, apártese.
Pedro	El nombre os doy, escuchad.
Juana	Decid.
(Al oído.)	
Pedro	San Pedro.
Juana (Aparte.)	(¡Vive Dios!, que estoy perdida, porque si pasar le dejo, me ha de conocer.) Hidalgo, aquí no hay otro remedio, no hay sino tener la paciencia, que el santo se me fue al cielo: digo, que se me ha olvidado. Alárguese, o a su pecho irán dos balas.

Pedro   ¿Qué? ¿De él
no os acordáis?

Juana   No me acuerdo.
¡Alárguese, o voto a Dios...!

Pedro (Aparte.)   (A él se le olvidó, en efecto,
el nombre, y como soldado
ha andado valiente y cuerdo
en no dejarme pasar.)
Daréle aviso al sargento
de este caso, para que
vengan a mudarle luego.

(Vase.)

Juana   ¡Gracias a Dios, que escapé
de tan peligroso riesgo
con este engaño! Aquí ya
no hay que hacer, pues por lo menos
estorbé que aquel criado
no llevara de don Diego
el recado a mi enemiga;
y sé también, que don Pedro,
mi hermano, en Arauco está,
pues de él me libré. ¿Quién, cielos,
se vio en tan gran confusión?
Pues me amenazan a un tiempo
un amante a quien adoro,
y un hermano a quien respeto.

(Vase. Sale Tucapel.)

Tucapel

    Ya el Sol, monarca del día,
en el mar está acostado;
y pues con prisa he llegado
hasta aquesta fuente fría,
  y es fuerza haber de esperar
a que salga el español,
pues busca descanso el Sol,
bien podré yo descansar.

(Recuéstas.)

  A la margen reclinado
de este arroyo esperar quiero,
que no seré yo el primero
que descanse en el cuidado.
  Hoy, Fresia ingrata, verás
si fue amor trocar tu suerte,
y si es querer darle muerte,
quien sabe servirte más.
  ¿Si a salir se atreverá?
Sí, que en su honor es forzoso,
mas soy tan poco dichoso,
que por esto no saldrá.

(Sale el marqués.)

Marqués

  ¡Vive Dios!, que me ha pesado,
y que llego a estar corrido
de haber el duelo impedido
a tan valiente soldado;
  que aunque lo fundé en razón,
pues no le toca al sitiado,
es una razón de estado
que la siente la opinión.
  El lugar que señaló
el bárbaro loco y ciego,
es éste, y hoy por don Diego

>   vengo a castigarle yo.
>   Que atrevido, no quisiera,
>   pues su salida impedí,
>   que este bárbaro de mí
>   y de todos se riera.
>   ¡Disfrazado, aunque imprudente!
>   Mi valor aquesto intenta,
>   que no ha de estar siempre a cuenta
>   de lo cuerdo lo valiente.
>   En la plaza están ajenos
>   de que pueda estar yo aquí.
>   Con tal secreto salí,
>   que nadie me echará menos.
>   Diránme que no es cordura
>   el que yo salga, en rigor;
>   pero démosle al valor
>   un día una travesura.

(Sale don Diego por otra puerta, y quédase al paño.)

Diego	Por el muro me arrojé, y vengo desesperado a este sitio. ¿Si he tardado?
Marqués	Allí en la arena se ve un bulto, llegarme quiero. ¡Ah, hidalgo!
Tucapel	¿Decís a mí?
Diego	Dos hombres están allí.
Marqués	Si sois Tucapel, espero saber.

(Levántase Tucapel.)

Tucapel
        Si eres tú el cristiano,
mi valor te lo dirá.

Marqués
Pues, ¿cómo durmiendo está
con tal sosiego, araucano,
   quien tiene enemigos, di,
de tan grande pundonor?

Tucapel
Porque siempre mi valor
está velando por mí.
   ¿Eres don Diego?

Marqués
              Sí soy.

Diego
¿Qué oigo? ¡Cielos soberanos!

Marqués
Hablen, bárbaro, las manos.

Tucapel
Corrido, por Marte, estoy
   de haber de reñir contigo,
y en mi real me reñirán,
que aunque te mate, dirán,
que has hecho campo conmigo;
   pero puesto que el cumplir
con mi dama es la fineza,
le he de llevar tu cabeza.

Marqués
Gana me das de reír,
   que no es fácil a mi ver,
aunque tu arrogancia escucho;
porque yo la quiero mucho,

	y la sabré defender.
Tucapel	Español, de esta manera esta empresa facilito.
Marqués	A las obras me remito.

(Sacan las espadas y llega don Diego.)

Diego	Aguarda, bárbaro, espera: porque si este duelo hoy con don Diego has aplazado, y a él solo has desafiado, don Diego de Almagro soy.
Marqués (Aparte.)	(¿Qué miro? ¡Almagro ha salido, y el orden ha quebrantado! Que no me conozca intento.)
Tucapel	Siempre eché de ver, cristiano, que para reñir habíais de salir acompañado.
Marqués	Bárbaro, aunque somos dos no emprenden los castellanos reñir con ventaja nunca.
Tucapel	Pues, ¿cómo podréis negarlo, siendo dos los que salís, y uno solo el que yo aguardo?
Diego (Aparte.)	(¡Vive Dios!, que es el marqués, que aunque lo haya disimulado, en la voz le he conocido;

	él ha salido gallardo,
	porque yo no quede mal.
	¡A qué mal tiempo he llegado
	a decir que soy don Diego!)
	Caballero disfrazado,
	bien echo de ver que vos,
	porque supisteis el bando,
	con mi nombre habéis salido,
	y aunque estaba en varias manos
	mi crédito, hacedme gusto
	de volveros, que yo alabo
	vuestro valor, y no es bien,
	aunque en ello soy quien gano,
	que mi nombre eche a perder
	hoy vuestro aliento bizarro.
Marqués	Volveos, que no podéis
	quebrar el orden que ha dado
	el marqués, antes que sepa
	que no guardáis su mandato;
	que se enojará, y no es bueno
	el marqués para enojado.
Diego (Aparte.)	(¡Por Dios!, que se empeña mucho,
	pero yo me he declarado,
	y no tiene otro remedio.)
	Yo soy don Diego de Almagro,
	a mí me desafió,
	y yo tengo de matarlo.
Marqués	Ya he dicho, que soy don Diego,
	y he de reñir.
Tucapel	Castellanos,

                    para dar fin a este duelo,
                    ¿a qué aguardáis? Conformaos,
                    pues si no he muerto a los dos
                    es, porque determinado
                    no está, cuál es de vosotros
                    don Diego porque mi brazo
                    no se equivoque por uno,
                    otro a mi dama llevando.
                    Pero ya que a mi valor
                    dais don Diego duplicados,
                    cumpliré mejor con ella,
                    llevándome las de entrambos.

Diego   Pues yo soy aquí...

Marqués   Teneos.

(Va a acometer, y detiénele el marqués.)

                    Yo vine primero al campo,
                    y aunque don Diego no fuera,
                    le he de matar.

Diego   Este acaso
                    no es duelo de hallarse dos
                    a un tiempo desafiados,
                    para que tenga el que sale
                    primero el campo ganado.
                    A mí me desafió,
                    y aunque saliste bizarro,
                    ya cesa en vos el intento
                    saliendo el desafiado.

Marqués   ¿Quién contra un bando ha salido?

	¡Y no es suyo! Que el soldado, como debe obedecer, es solamente del bando; y así, no os toca este duelo, que yo tengo de acabarlo.
Tucapel	¡Por Apolo!, que me tiene vuestro duelo ya cansado; pero con esta razón os satisfaréis. ¿Entrambos reñiréis conmigo?
Los dos	No.
Tucapel	¿Y el que es don Diego de Almagro reñirá conmigo?
Los dos	Sí.
Tucapel (A don Diego.)	Pues yo tengo de ajustaros. Y así a ti elijo, puesto que eres don Diego de Almagro porque ya te he conocido; que tú me dijiste osado en el muro que saldrías; y a vos os quedo envidiando, que no entendí que tenían tal valor los castellanos.
Marqués (Aparte.)	(Acabóse, conocióle.) Y habiéndole el araucano elegido, no me queda acción de reñir, es llano; pues no he de reñir por fuerza,

	y está muy bien empleado,
	porque no me meta yo
	a valiente, por Almagro.
	Tucapel, con tu elección
	este duelo está acabado:
	no te descuides, que a fe
	que te queda que hacer harto.
(Aparte.)	(¡Vive Dios!, si no temiera
	ser conocido, que entrambos
	me pagaran de esta agencia
	las costas a cintarazos;
	porque irme yo sin reñir,
	lo siento, a fe de soldado.)
	¿Temoso me es el don Diego?
	Pues aunque valiente ha andado,
	me ha de pagar, ¡vive Dios!,
	haber quebrantado el bando,
	y no haber guardado el orden.

(Vase.)

Diego (Aparte.)   (El marqués se va enojado,
                  mas yo le satisfaré.)
                  Solos, Tucapel, estamos.

Tucapel   Obre callando el valor.
(Riñen.)   ¡Qué valiente!

Diego   ¡Qué alentado!
                  ¡Raro pulso!

Tucapel   Fuerte brío.

Diego   Valiente es el araucano;

	pero mi valor...
Tucapel	¿Qué es esto?
(Cáesele la espada.)	El acero de la mano
	se me ha caído. ¡Perdido
	estoy! ¿Cómo, Apolo airado,
	esto consentís?
Diego	Levanta
	el acero, que mi brazo
	no ha de matarte sin él.
Tucapel	Agradecido a lo hidalgo
	de tu corazón, don Diego,
	pagar quisiera bizarro
(Alza el acero.)	la deuda que te confieso;
	pero pesa mi amor tanto,
	que no es posible faltar
	a la palabra que he dado;
	y así, perdona, que basta,
	para que quedes pagado,
	confesar yo que te debo,
	y quedar contigo ingrato.
	Tu cabeza he de llevar.
(Riñen.)	
Diego	Pues riñamos.
Tucapel	Pues riñamos.
(Suenan cajas.)	
Rengo	¡Arma, arma, que el enemigo,

	valerosos araucanos,
	por tres partes nos enviste!
Tucapel	¿Qué escucho? ¡Al arma tocaron!
Diego	Dices bien; y así, ¿qué intentas, Tucapel?
Tucapel	Que suspendamos por ahora nuestro duelo pues no llama este rebato, hasta mejor ocasión.
(Dejan de reñir.)	Queda en paz.
Diego	¿En qué quedamos?
Tucapel	En que yo te buscaré; que aunque estoy de ti obligado español, me has dado celos, y son los celos villanos.

(Vase. Dentro el marqués.)

| Marqués | ¡A la colina, españoles, que ya van desordenados, huyendo a valerse de ella! |
| Diego | Sin orden van los contrarios, por ser oscura la noche, a valerse del sagrado de lo fragoso del monte. Pues, ¿qué espero? Pues, ¿qué aguardo que no socorro a los míos? |

(Saca la espada, y sale Mosquete.)

Mosquete   Huyendo, como diez galgos,
                     vengo a esta parte. ¿Qué escucho?
                     Gente hacia aquí va llegando.

Diego   ¿Quién es? ¿Quién va?

Mosquete (Aparte.)   (Esto es peor,
                     aquí me matan a palos.)

Diego   ¿No responde?

Mosquete (Aparte.)   (Con los huevos
                     en la ceniza hemos dado.)

Diego   Ríndite, araucano.

Mosquete   Tente,
                     hombre de todos los diablos.
                     ¿Qué araucano, ni qué haca?

Diego   Pues ¿quién eres?

Mosquete   Un sacatrapos
                     de un Mosquete racional,
                     que sirve a un loco, a un menguado
                     a un tronera...

Diego   ¿Mosquetillo?
                     Pues, ¿qué haces aquí, borracho?

Mosquete   ¿Don Diego?

Diego Sí.

Mosquete ¡Voto a Dios!,
que si no hablas que te mato.

Diego ¿Qué hay de nuevo?

Mosquete Señor mío,
una de todos los diablos.
Cerrada la has hecho.

Diego ¿Cómo?

Mosquete Porque el socorro ha llegado
que esperaban, y al salir
te echaron menos, jurando
el marqués que ha de ponerte,
en Peralvillo hecho cuartos,
aunque está lejos de aquí.

Diego Yo sabré desenojarlo.
Ya es de día, ¡a la batalla!,
que el marqués verá en mi brazo
su despique.

(Al entrar, sale doña Juana con la espada desnuda y una banda al rostro.)

Juana Caballero,
no deis adelante paso.
Volveos, porque un batallón
viene a esta parte avanzando
de indios, y daréis sin duda,
si no os volvéis, en sus manos.

Diego   ¿Quién sois? Esperad.

Juana   No puedo.

(Dentro Caupolicán.)

Caupolicán   Valerosos araucanos,
         pues la Fortuna ha querido
         que esta batalla perdamos.
         Por aquí la retirada
         es más segura. Soldados,
         seguidme todos. ¿Qué miro?

(Salen Caupolicán, y soldados indios.)

         ¿Aquí estáis, viles cristianos?
(Riñen todos.)   ¡En vosotros vengaré
         la cólera en que me abraso!

Diego   ¡Traidores, pues vive Dios,
         que yo he de morir matando!

Caupolicán   Rendíos, villanos.

(Riñen.)

Mosquete   Señores,
         buen cuartel, por San Macario.

(Cogen los soldados por detrás a los dos.)

Caupolicán   Soltad las armas.

Diego   Traidores,

                primero os haré pedazos.
                ¿A traición usáis conmigo
                esta cautela, este engaño?
                ¡Oh, pese a las ansias mías!
                Mas no puedo, con los brazos,
                con las manos, con los dientes...

Caupolicán   Vamos con ellos marchando
                a Purén.

Mosquete   Pobre Mosquete,
                hoy te ponen en un palo.

                Fin de la segunda jornada

Jornada tercera

(Sale doña Juana de hombre.)

Juana   ¿Hasta cuándo ha de durar,
Fortuna, mi padecer?
¿Habrá tenido mujer
tal linaje de penar?
    ¿Don Diego preso y yo viva?
¿Él con riesgo y libre yo?
¿Quién en el mundo se vio,
suerte tirana y esquiva,
    entre afectos desiguales,
tan cercada y combatida,
y aun no me acaba la vida
el número de mis males?
    Vamos a espacio, dolor,
creciéndolo llama al fuego;
preso miráis a don Diego,
y Fresia le tiene amor.
    Por una parte violento
su riesgo el alma me apura;
por otra está mi cordura
lidiando con mi tormento.
    No quererle es ceguedad,
consentir su menosprecio
también del alma es desprecio;
pero es de tal calidad
    el amor que me condena;
que entre dudas y desvelos
no acuerdo de mis celos,
y me acuerdo de su pena.

(Sale Gualeva.)

Gualeva	¿Don Juan?
Juana (Aparte.)	(¿Esta pena más Fortuna, me solicitas; que aun la queja me limitas?)
Gualeva	Triste parece que estás.

(Al paño Rengo.)

Rengo	Siguiendo a Gualeva vengo; pero el cristiano está allí; quiero escuchar desde aquí.
Gualeva	¿Qué tienes?
Juana	No sé qué tengo.

(Al paño Fresia.)

Fresia	Al español, ¡ay de mí!, busca mi pena cruel; mas Gualeva está con él.

Gualeva	Don Juan, mi bien, ¿cómo así
	   amancillas, dueño mío,
	para darme más enojos,
	la hermosura de tus ojos
	a quien rendí mi albedrío?
	   Dime la causa.

Rengo	¡Ah, traidora!

Gualeva	Y cesen ya tus desdenes. Habla, mi bien, que aquí tienes una esclava que te adora. Vuelve tu rostro propicio a dar a mi amor el ser. ¿No me hablas?
Juana (Aparte.)	(Esta mujer quiere que yo pierda el juicio.)
Fresia	Gualeva rendida está al español, no me espanto, pues pasa por mi otro tanto.
Rengo	La paciencia pierdo ya.
Gualeva	Habla, mi bien, pues no hay quien a escuchar se atreva. Dime, ¿qué tienes?
(Sale Rengo.)	
Rengo	Gualeva, eso he de decirlo yo.
Gualeva (Aparte.)	(¡Ay de mí! ¿Si me ha escuchado?
Juana (Aparte.)	(Llegue ya, cielos, mi muerte.)
Rengo	Pues, Gualeva, ¿de esta suerte pagas mi amante cuidado? ¿Tú a un vil esclavo rendida, burlándote de mi aliento? ¿A tan bajo pensamiento

	te abates?
Gualeva (Aparte.)	(¡Yo estoy perdida!)
Rengo	Habla tu rigor tirano, si aquí puede haber disculpa, o me pagará tu culpa este alevoso cristiano.
Gualeva (Aparte.)	Rengo... (De aquesta manera con él me disculparé.)

(Aparte a doña Juana.)

	Finge conmigo.
Juana	Sí haré.
Gualeva	...mira, advierte, considera...
Rengo	¿Qué he de oír, si te he escuchado pese a mi tormento atroz?
Gualeva	No des crédito a mi voz, porque vives engañado.
Rengo	Pues, ¿qué engaño puede haber? Dilo, para que me asombre.
Gualeva	Porque el que miras no es hombre que es una infeliz mujer. Si tu cuidado repara, sus señas te lo previenen, porque los hombres no tienen

	esas manos ni esa cara.
Rengo	Es engaño manifiesto, porque a serlo, tus errores no la dijeran amores.

(Sale Fresia.)

Gualeva	Digo, que es mujer.
Fresia (Aparte.)	¿Qué es esto? (Alentaré aqueste engaño, que en fin Gualeva es mi prima, y con su amor me lastima.) Cierto, Gualeva, que extraño, cuando en porfías te pones...
Gualeva (Aparte.)	(¿Si me ha escuchado? ¿Qué haré?)
Fresia	Que a nadie en el mundo dé tu lengua satisfacciones.
Gualeva (Aparte.)	(Ella ha de echarme a perder.)
Fresia	Buena tu opinión la hiciera, si yo misma no supiera que es este esclavo mujer.
Gualeva (Aparte.)	(Volved a vivir, sentido.)
Fresia	Su historia a mí me contó, y es tan mujer como yo.
Juana (Aparte.)	(Solo en la historia has mentido.)

Fresia	Todo el día siente y llora el influjo de su estrella.
Gualeva	Y si no, dígalo ella. ¿No eres mujer?
Juana	Sí señora.
Rengo	Mal aplacáis mi coraje, diciéndome que es mujer, que aunque aquesto puede ser, da celos en este traje. Y así para no luchar, con esta duda concluyo, con que vista el traje suyo, o si no le he de matar.

(Vase.)

Gualeva	Déjame echar a tus pies, prima, para que agradezca lo que hoy has hecho por mí.
Fresia	Levanta, prima Gualeva, que tu elección te disculpa, y en este español hay prendas dignas de tu estimación; pues la soberana idea solo en los cristianos puso el valor y gentileza. Yo os escuché, y por tu honor fingí, prima, la cautela que viste.

Gualeva	Apolo te guarde.
	Tú, mi don Juan, no enmudezcas,
	ni estés triste, pues ya sabe
	nuestro amor mi prima Fresia,
	y si te ha dado cuidado,
	ver que Rengo me pretenda,
	yo le aborrezco y te adoro.
Juana (Aparte.)	(¿Habrá quien tenga paciencia,
	ni mujer más infeliz?)
Fresia	Solo una duda me queda
	para ajustar este engaño.
Gualeva	¿Cuál es?
Fresia	Que Rengo quisiera,
	que se vista de mujer,
	para que no le suceda
	riesgo alguno, y no hayas miedo,
	que con su cara desmienta
	el ser mujer, pues no he visto
	en ninguna tal belleza.
Gualeva	Has dicho bien, y así voy
	a prevenirla yo mesma
	un vestido de los míos,
	para que este engaño sea
	el norte que me asegure.
	Tú publicar puedes, Fresia,
	como es mujer. ¡Ay don Juan!
	contigo el alma se queda.

(Vase.)

Fresia　　　　　　Español, solos estamos.

Juana (Aparte.)　　(¿Qué me quieres, suerte adversa,
　　　　　　　　　pues apenas uno acaba,
　　　　　　　　　cuando otro tormento empieza?)

Fresia　　　　　　Ya sabes que me has debido
　　　　　　　　　la vida, pues si dijera
　　　　　　　　　que no eres mujer cristiana,
　　　　　　　　　estaba tu muerte cierta.

Juana　　　　　　Ya lo sé.

Fresia　　　　　　　　　Pues, español,
　　　　　　　　　tú has de pagarme esta deuda
　　　　　　　　　con hacerme un beneficio.

Juana (Aparte.)　　(¡Ya estoy sin alma!)
　　　　　　　　　¿Qué ordenas?

Fresia　　　　　　Ya sabes como perdimos
　　　　　　　　　la fama, en perder aquella
　　　　　　　　　batalla de Santa Fe,
　　　　　　　　　porque la gran providencia
　　　　　　　　　de Apolo nos fue contraria.
　　　　　　　　　Pues has de saber que en ella,
　　　　　　　　　o fuese por su desgracia
　　　　　　　　　o por mi dicha violenta,
　　　　　　　　　la suerte hizo prisionero,
　　　　　　　　　acaso en fin de la guerra,
　　　　　　　　　a don Diego.

Juana (Aparte.)	Ya lo sé. (Pues el saberlo me cuesta, no menos que toda el alma.)
Fresia	Pues has de saber, que en esa oscura prisión y triste, del Sol ignorada senda, habitación de la noche y centro de las tinieblas, le han puesto, sin que persona humana su rostro vea; con tal rigor, que atenuado el alimento le llevan, porque acabe de la hambre a la infeliz miseria. Yo viendo...
Juana (Aparte.)	(Sin alma escucho.)
Fresia	El peligro que le espera y la muerte, pues ha sido encerrarle en esa cueva para otra cosa, dispongo, dándote noticia de ella, que a verle vayas, pues yo con dádivas y promesas tengo obligadas las guardas, para que las llaves vengan a mi poder, y le digas que toda el alma me cuesta verle preso, y que si quiere aunque cristiana me vuelva, ser mi marido, prometo irme con él a su tierra,

	y librarle de la muerte,
	que ya por puntos le espera.
	Y si ingrato respondiere
	que no, que entendido tenga,
	que ha de morir, porque ya
	de mi poder, aunque venga
	todo un mundo de cristianos,
	no habrá quien librarle pueda.
Juana (Aparte.)	(¿Qué escucho, cielos divinos?
	No es mala ocasión aquesta
	de verle, pues me disfraza
	el vestido de Gualeva,
	y Fresia me da las llaves.)
	Digo, que iré en hora buena
	a hacer lo que me has mandado,
	y le pondrá de manera
	blando, para que se case
	contigo, mi diligencia;
	que a mí de tu casamiento
	me has de dar la enhorabuena.
Fresia	¿Haráslo como lo dices?
Juana	Yo, de la misma manera,
	como si a mí me importara.
Fresia	Esta noche la respuesta
	me has de dar; y quiera Apolo,
	que como tú lo deseas,
	me suceda.
Juana	Tu marido
	fuera luego si eso fuera.

Fresia	Vete pues.
Juana	Ya te obedezco.
(Aparte.)	(¡Ay don Diego! el cielo quiera, pues te procuro la vida, que toda el alma me vuelvas.)

(Vase.)

Fresia	Temblando quedo hasta ver de don Diego la respuesta; mas don Juan lo hará muy bien. Cierto, que anduve discreta en fiarle mi cuidado; mas por esta parte llega Caupolicán.

(Salen Caupolicán, Tucapel, Rengo, Colocolo, y soldados indios.)

Caupolicán	Fresia mía, ¿tan sola tú? Si la pena de la perdida batalla es causa de tu tristeza, no la tengas por tu vida; que ya la venganza intenta mi valor; y si no, escucha y verás de qué manera. Valientes araucanos, ya sabéis, que soberbios los cristianos, tras un cerco tan largo que sufrieron, de Santa Fe la plaza socorrieron; no por más belicosos, sino porque la suerte más dichosos

				los hizo que a nosotros, pues la fama
				hijos del Sol a los cristianos llama.
				Ya sabéis que perdidos,
				derrotados los más, todos vencidos,
				sin orden militar nos retiramos
				al lugar de Purén, que es donde estamos.
				¿Pensaréis que mi afecto os llama solo
				a que con sacrificios deis a Apolo
				el obsequio debido,
				cuando a nuestro valor contrario ha sido
				injustamente airado?
				Pues no, para otro fin os he llamado.
				Antes os traigo ahora a mi presencia,
				para que le neguéis la reverencia.
				¿No es nuestro dios quien nuestra fama borra?
				¿No es nuestro dios, aunque ese globo corra,
				quien con viles ensayos
				solo a España calienta con sus rayos?
				Caiga su estatua al suelo.
				No deis ofrenda a su tonante anzuelo.
				Todo el respeto se convierta en ira.
				Su deidad y su culto son mentira;
				pues si, como en el cielo Apolo para,
				a la tierra bajara
				con la carroza, que llamáis divina,
				a su pesar corriera la cortina,
				y metiéndome dentro,
				al ir los brutos a buscar su centro,
				hiciera mi rigor con saña altiva,
				que subieran un cielo más arriba,
				y Apolo desde allí precipitara
				para que yo subiera y él bajara.

Rengo				Dices bien, ese Dios no le queremos.

Tucapel	Solo a tu valor por Dios tenemos.
Fresia	Si yo conozco alguno, eres tú solo.
Caupolicán	Solo a ti aguardamos, Colocolo.
Tucapel	Habla.
Rengo	¿Qué te suspende?
Fresia	¿Qué te ha dado?
Colocolo	¿Qué os he de responder, pueblo engañado, si se explica mi voz más elocuente con callar y escucharos solamente? Decidme tantas glorias como en vosotros vi, tantas victorias, que en vuestra fama timbres añadieron, ¿de dónde, cuándo, o cómo provinieron, si no ayudara la piadosa mano del dios radiante, Apolo soberano? Si por una batalla ya perdida, quizá por nuestras culpas permitida, le negáis el poder ciegos y vanos, ¿quién os ha de amparar, decid, araucanos? Y aunque os encierren esos altos muros, ¿dónde estaréis de su rigor seguros? Vuelva vuestra prudencia a dar a vuestro dios la reverencia, y en él solo poned vuestra esperanza, porque si no lo hacéis, mi ciencia alcanza que os veréis abatidos, esclavos, arrojados y perdidos;

	y que humildes seréis, en vez de graves,
	me lo anuncian los cantos de las aves;
	pues en una batalla
	os ha de destruir...
Caupolicán	¡Caduco, calla!
	Que solo porque tanto lo deseas,
	al revés lo he de hacer, para que veas
	en la empresa más ardua y peligrosa,
	que tu ciencia agorera es mentirosa.
Tucapel	Y yo en eso me fundo,
	que sobra mi valor a todo el mundo.
Rengo	¿Cuándo, caduco viejo,
	el valor necesita de consejo?

(Sale un soldado indio, que trae a dos indios cortadas las manos, y los ojos ensangrentados.)

Soldado	Señor, porque te asombres,
	de repente te envían estos hombres,
	que por ser araucanos,
	los remiten sin ojos y sin manos
	los españoles...
Colocolo	¡Qué confuso abismo!
Soldado	...diciendo que de ti han de hacer lo mismo...
Caupolicán	Llevadlos luego o, ¡pese a mis enojos!,
	¡vive Apolo...!, mas no, que es dios violento.
	¡Viva yo!, que es más firme fundamento,
	que mis rigores fieros

han de dar muerte a cuantos prisioneros
esas mazmorras tengan encerrados,
a tormentos no vistos ni pensados.
De esta suerte me vengo;
y pues entre otros a don Diego tengo
de Almagro, a quien aclama
España por el hombre de más fama;
sin que pase de este día,
he de vengar en él la saña mía.
Ea, soldados míos,
a la campaña os llaman vuestro bríos.
Restaurad esta tierra.
¡Guerra contra el cristiano, guerra, guerra!

(Vanse. Salen don Diego y Mosquete con cadenas.)

Mosquete	Reniego de la cadena
	y el alma que la inventó,
	y de quien aquí me entró
	a profesar de alma en pena.
	¡Qué esto hagan con un pobrete!
Diego	Mosquete, en esta inclemencia,
	paciencia ten.
Mosquete	Mi paciencia
	no es a prueba de Mosquete.
Diego	Consuélete en esta impía
	prisión mi fortuna escasa.
Mosquete	El hambre que por ti pasa,
	no satisface la mía.
	¿Qué consuelo puede hallar

        mi corazón afligido,
donde, siendo Dios servido,
pienso que me han de empalar?
  Que te empalaren a ti,
vaya que derecho o tuerto,
mil araucanos has muerto;
mas que me empalen a mí,
  ¡por Dios!, que me maravilla,
aunque el diablo lo recete,
pues será el primero Mosquete,
que no haya muerto de horquilla.

Diego
  ¡Que no pueda yo vengar
mi rabia en quien me prendió!

Mosquete
¡Y que no pueda irme yo
a ser motilón de albar!

Diego
  ¡Que de hambre morir espero,
porque esta pena me inquiere!

Mosquete
¡Que entre en la prisión Mosquete,
siendo caballo ligero!

Diego
 ¡Cielos, a tanto pesar
socorra vuestro poder!

Mosquete
¡Cielos, dadme que comer,
aunque no haya que cenar!

Diego
  ¡De tan peligroso afán,
cielos, librad mi cuidado!

Mosquete
Oye, díselo cantado,

	quizá te responderán, o déjame hablar a mí.
Diego	De tu necedad me espanto.
Mosquete	Mira que estoy hecho un santo desde el punto que entré aquí, y un milagro hacer espero.
Diego	Sin duda que estás borracho.
Mosquete	Usted trae lindo despacho; mas óigale usted por primero. 　¿Comerá usted un pavo? Sí. ¿Y una tostada? También. Fruta ha de ser de sartén pues nada de esto hay aquí.
Diego	¡Vive Dios...!
Mosquete	De ti me aparto.
Diego	¡Que te pueda yo sufrir!
Mosquete	Usted bien puede reñir; mas no ha de reñirme harto. 　Y el milagro bien se allana, que es grande.
Diego	¿De qué lo infieres?
Mosquete	¿Qué mayor milagro quieres que no comer donde hay gana?

(Dentro Tucapel.)

Tucapel   Dejadme entrar.

Mosquete   Eso es malo,
                   no doy por mi vida un pito.

(Sale Tucapel con luz.)

Tucapel   Don Diego de Almagro, ¡oh, cuánto
                   de verte así me lastimo!

Diego   Tucapel, ¿tú en la prisión?

Tucapel   Si piensas que haber venido
                   a ella, don Diego, es porque
                   tus agravios solicito,
                   mi valor ofendes, puesto
                   que no consiente mi brío
                   satisfacerse de quien
                   está a la suerte rendido.

Diego   Pues, ¿no sabré, Tucapel,
                   el fin, la causa, el motivo
                   de venirme a ver?

Tucapel   Escucha,
                   y sabrás tu daño mismo.
                   Después de aquella batalla,
                   que sobre el cerco perdimos,
                   el marqués, con el pretexto
                   de traidores al rey, hizo,
                   ¡qué indignidad!, ahorcar
                   doscientos caciques indios.

Y a Caupolicán, por burla,
por irrisión y castigo,
le envió, ¡grave dolor!,
sin ojos ni manos, vivos
otros muchos araucanos.
De cuyo horrendo castigo,
no imaginado, el valor
la venganza pide a gritos.
Sintióle Caupolicán
y del escarnio ofendido,
impaciente a tanto agravio
y ciego a tanto delito,
con voto común de todos,
mandó matar los cautivos
españoles a tormentos
crueles como exquisitos.
Y lo que he sentido más,
de esto Apolo me es testigo,
es, que a ti también...

Diego   Detente,
no prosigas, que ya he visto
tu ingratitud. ¿Dirás, que
Caupolicán ofendido,
a muerte me ha condenado?

Tucapel   Es verdad; y hoy es preciso,
que habéis de morir.

Diego   ¿Y es
de pechos agradecidos,
cuando estás de mí obligado,
ser quien me traiga tu mismo
la sentencia de mi muerte?

¡Vive Dios!, que estoy corrido
de escucharte aquí, porque
si a consolarme has venido,
es hacer a mi valor
con tus consuelos mal quisto,
cuando sabes de mi aliento
que de ellos no necesito
cuando pensé que venías
a sacarme del peligro
que me amenaza, porque
se acabara el desafío
entre los dos aplazado
por tu dama, por ti mismo
y por mí, pues mi valor
pudiendo acabar contigo,
volvió el acero a tu mano,
lisonjeando el peligro,
vienes a darme esta nueva
abandonando tu brío.
¡Vive Dios...!

Tucapel   ¡Aguarda, espera!
(Aparte.) (El corazón me ha leído,
y aunque pretendo librarle,
no ha de saber mi designio,
pues ha de ser la hidalguía
más noble si no le aviso.)
Don Diego, bien reconozco
que es verdad cuanto me has dicho;
pero yo no hallo remedio,
por más que lo solicito,
porque la razón más fuerte,
si bien lo miras, colijo,
que es no poderte librar,

	cuando quedo mal contigo.
Diego	¿Qué he de morir?
Tucapel	No lo dudes.
Diego	¿Con esta afrenta?
Tucapel	Es preciso.
Diego	¿No hay remedio?
Tucapel (Aparte.)	No hay remedió. (Librarále el valor mío esta noche, ¡vive Apolo! Porque aunque a Arauco le quito esta venganza, ¿qué importa, si se la he de dar yo mismo?)
(Vase.)	
Diego	Aquí acabó mi esperanza.
Mosquete	Aquí empieza mi martirio.
Diego	¿Yo morir, ¡viven los cielos!, con oprobios tan indignos?
Mosquete	¿Yo entre chinos empalado, sin ser mártir? ¡Voto a Cristo...!
Diego	¡Oh! ¡Venga la muerte antes que en el bárbaro suplicio me afrente más!

Mosquete ¿Para cuándo
se hicieron los tabardillos,
señor don Diego?

Diego ¿Qué dices?

Mosquete ¿Hoy en efecto morimos?

Diego Sí, Mosquete.

Mosquete Lo que siento
es, que no ha de haber borricos
que nos lleven.

Diego Calla loco.

Mosquete Pues luego no habrá prevenido
quien nos pida para misas,
confesores ni teatinos
que nos ayuden, pues, cruces
como en Argel; con que miro,
que aunque vamos muy bien puestos,
no iremos con Jesucristo.

Diego Que yo he de ofrecer el cuello
a un verdugo, ¡hados esquivos!

Mosquete No temas eso, señor,
que en esta tierra ya has visto
que hay gran cantidad de alfanges;
pero ningún verduguillo.
¿Quién le dijera al marqués
de Cañete el gran peligro

en que estamos?

Diego
               No le nombres,
que me enternezco de oírlo.

Mosquete
Ah, sí, que se me olvidaba.
A Fresia, que te ha querido
tanto, ¿por qué no la das
parte de esto?

Diego
               Bien has dicho:
¿mas cómo o con quién?

Mosquete
                  No sé.
Escríbela un villancico.

Diego
Deja las burlas, Mosquete,
y pues morir es preciso,
tratemos como cristianos
de morir bien.

Mosquete
               Señor mío,
¿cuánto ha que no te confiesas?

Diego
¿Por qué lo dices?

Mosquete
                 Lo digo,
porque venga el padre Rengo,
que es un devoto teatino,
a oírnos de penitencia.

Diego
¡Ay, hermoso dueño mío!
¡Ay doña Juana, qué tarde
se acuerda de ti mi olvido!

	¡Oh, quién pudiera pagarte, fuera de tantos cariños como te debí, el honor! Pues sabe el cielo divino, que este torcedor es hoy mi más violento martirio. ¡Quién te viera, hermoso dueño, para ser agradecido a tus finezas, llevando en mi muerte aqueste alivio!
Mosquete	¿Señor?
Diego	¿Qué dices?
Mosquete	Aguarda, que, si no miento, he sentido, que abren esta puerta.
Diego	Escucha.
Mosquete	Esto es hecho.
Diego	Bien has dicho.
Mosquete	Adiós, garganta. Esta vez os coge algún garrotillo.
Diego	Yo veré quien es, aparta.

(Sale doña Juana vestida de india, con una luz en la mano.)

¡Válgame el cielo! ¿Qué miro?
¿Es ilusión, es encanto,

	es fantasía, es delirio?
	¿No es doña Juana? Ella es.
Juana (Aparte.)	(Batallando está consigo:
	mas yo he de disimular.)
Diego (Aparte.)	(¡Estoy loco! ¡Estoy sin juicio!
	¿Cómo es posible que a un alma
	pueda engañar un sentido?
	Ella es sin duda. ¿Qué aguardo?)
	Doña Juana, dueño mío,
	mi bien, mi gloria, ¿tú aquí
	a dar a mi pena alivio
	has venido? ¡Yo estoy loco!
	Cuando el cielo me es testigo
	de que mi voz te llamaba,
	ya con solo haberte visto
	muere alegre.
Juana	Caballero,
	si la turbación ha sido
	de vuestra cercana muerte
	quien os ha dado motivo
	a este engaño, reportaos,
	en estándolo yo, afirmo,
	que no me tengáis por esa
	dama que decís.
Diego (Aparte.)	(Divinos
	cielos, ¿yo engañarme puedo,
	si las señas que averiguo
	me afirman todos que es ella?
	Mas por otra parte miro,
	fuera de hallarse en el mundo

muchos rostros parecidos,
que a tan lejas tierras, ¿cómo
pudo venir? Y si vino,
que es un imposible, cielos,
¿con qué fin o qué designio
de mí se recata, puesto
que yo su honor le he debido?
Fuera de que, la razón
más fuerte, el mayor testigo
de que no es ella, es mirarla
en un traje tan indigno
de su obligación.)

(A ella.)   Mujer
o enigma, de haberte visto
loco estoy, y porque no
vacilen más mis sentidos,
dime, ¿quién eres?

Juana   Yo soy
de Arauco, mi padre es indio,
y mi madre castellana.
Trájome un abuelo mío
a Purén, y desde niña
Fresia me cobró cariño,
y la sirvo de criada.

Diego (Aparte.) (¡Vive Dios, que estoy corrido
de imaginar que ella fuese!)
¿Y a qué vienes?

Juana   Oye.

Diego   Dilo.

Juana (Aparte.)	(Ahora he de ver, don Diego,
si pagas el amor mío.)
Fresia, mi señora, a quien
mucha afición has debido,
viendo cercana tu muerte,
te envía a decir conmigo,
que si quieres verte libre
de riesgo tan conocido,
con ella te has de casar,
llevándotela contigo
a tu tierra. De no hacerlo,
que ella ha de dar el cuchillo
para tu muerte.

(Hace que se va.)

Diego	¡Oye, espera!
Que si a eso solo has venido,
responderé brevemente.
Dile a Fresia que yo estimo,
como es justo, la piedad,
y que más agradecido
la estimara, a no venir
con el otro requisito.
Y esto, no porque no fuera
dichoso en ser su marido,
sino porque allá en mi tierra
tengo dama, a quien estimo,
y a quien debo obligaciones,
por señas, que te he tenido
por ella; y así, araucana,
por última razón digo,
que sóla esta dama es hoy
el dueño de mi albedrío.

	A esta solamente adoro,
	a esta solamente estimo
	con el alma, con la vida,
	con la fe, con los sentidos,
	pues solo sin ella muero,
	y solo con ella vivo.
Mosquete	Hombre, ¿qué haces? Pues estamos
	a pique de ser racimos,
	¿y no te quieres casar?
	Di que se case conmigo.
(Llora Juana.)	
Juana (Aparte.)	(¡Ay don Diego de mis ojos,
	ya tus finezas he visto!)
Diego	¿Lloras?
Juana	Tengo el pecho tierno.
	La lástima me ha movido
	ver que no logre esa dama
	las finezas que me has dicho.
	¿Qué la quieres tanto?
Diego	Tanto,
	que estoy gustoso contigo
	solo porque la pareces.
Juana	¡Ay de mí!
(Llora.)	
Diego (Aparte.)	(¡Ay dueño mío!)

Juana (Aparte.)	(No me enternezcas el alma.
Diego (Aparte.)	(Si llegare a tus oídos de mi desdichada muerte la nueva, verás que elijo morir antes, que agraviarte.)
Juana	En fin, español altivo, ¿que quieres tu muerte más, que el bien que te solicito?
Diego	Esto a Fresia le dirás.
Juana (Aparte.)	(Volved a vivir, sentidos. No diré tal. ¡Ay don Diego, tú verás como te libro!)

(Vase.)

Mosquete	A oscuras hemos quedado.
Diego	Ven, Mosquete.
Mosquete	Ya te sigo; pero morir yo, porque no quieres tú ser marido, es cosa para ahorcarme.
Diego	Hermoso imposible mío, cuanto puedo hago por ti, pues que me entrego yo mismo a la muerte que me espera; porque en dos casos distintos,

          ¿de qué me sirve la vida,
          si no he de vivir contigo?

(Vanse. Salen el marqués y un sargento.)

Marqués   ¿Que tanta gente tiene el enemigo?

Sargento   Es cosa que da asombro.

Marqués   Así el castigo
                  será mayor, si dar batalla intenta.

Sargento   Por momentos tanta se aumenta,
                  que parece que el campo, en vez de flores
                  hombres produce armados de rigores.

Marqués   Habrá más que vencer.

Sargento   Arauco unido,
                  todo junto se ve.

Marqués   Gran cosa ha sido;
                  que si junto se halla,
                  todo le he de vencer de una batalla.

Sargento   Don Alonso de Ercilla valeroso,
                  puesto que mejoró también Reinoso,
                  la colina ha ocupado,
                  y el estrecho ganó el adelantado
                  Villagrán con Aguirre.

Marqués   De ese modo
                  Chile ha de ser del rey, si el mundo todo
                  a impedirlo llegara.

| | Pero mucho, sargento, me importara
si don Pedro volviera,
y lengua del contrario me trujera.
Almagro hace gran falta, y no he sabido
si muerto o preso está. |
|---|---|
| Sargento | Desdicha ha sido. |

Sale don Pedro que traerá prisionero a un Indio.)

Pedro	Dadme, señor, los pies.
Marqués	Y mi cuidado
os tuvo por perdido.
Pedro	Aunque he tardado,
ya he cumplido, señor lo prometido.
Marqués	Siempre vos cumplís. ¿Qué habéis sabido?
Pedro	Esta espía, señor, dirá el intento
del enemigo campo.
Marqués	Sin tormento
confiesa la verdad.
Indio (Aparte.)	(Tiemblo el castigo.)
Escucha, gran señor, que ya lo digo.
Caupolicán, señor, aunque vencido,
tanto está en lo rebelde endurecido,
que en Purén su gente ha conjurado,
y el oráculo nuestro ha consultado;
y aunque no ha respondido,
colérico, impaciente y ofendido,

| | los españoles, que en Arauco había,
            | dentro el término de un solo día
            | mandó matar, y luego
            | publicando la guerra a sangre y fuego,
            | las tropas reformó, y en este estado
            | de Purén en el valle está alojado.

Marqués   ¿Y qué designio tiene,
            cuando ocioso el ejército mantiene?

Indio   Descuidarte ha intentado.

Marqués   Fácil es que me coja descuidado.
            Y ahora, ¿qué pretende loco y ciego?

Indio   Mañana sacrifican a un don Diego
            de Almagro.

Marqués   ¿A quién?

Indio   A un español cautivo,
            a Apolo, y pienso que le queman vivo,
            porque les dé victoria.

Marqués   ¡Trance airado!
            ¿Esto escucho? ¡Don Diego en tal estado!
            ¡De coraje estoy ciego!
            Don Pedro, luego, luego
            los cabos avisad; porque mañana,
            antes que borde el Sol con oro y grana
            aquestos horizontes,
            y antes que raye el alba aquestos montes
            acometer intento. Halle el estrago
            el enemigo, aun antes que el amago.

      Chile altiva, mañana en aquel día
      la vida he de perder, o has de ser mía.

(Vanse, y salen don Diego y Mosquete con cadenas en la prisión.)

Diego   ¡Qué largas que son las horas
      que con cuidado se pasan,
      Mosquete!

Mosquete   Más largas son,
      que las leguas de la mancha.

Diego   No he podido sosegar
      un instante.

Mosquete   Pese a mi alma,
      ¿eso dices? Pues es paso
      éste en que no vemos para
      sosegar, cuando no menos
      que una horca nos aguarda.
      ¡Vive Dios!, que estando yo
      despierto, ya me soñaba
      con tanta lengua de fuera.

Diego   No es la muerte sola causa
      de mis cuidados, Mosquete,
      que perdiendo a doña Juana,
      antes me sirve de alivio.

Mosquete   Aliviada sea tu alma
      en los infiernos. ¿Qué dices,
      hombre, que el cuerpo me rallas?
      ¿La muerte no te da miedo?

Diego   Deja las burlas, acaba.

Mosquete   Pues solo de imaginarme
hecho racimo con patas,
me estoy ahorcando yo.

Diego   ¡Que siempre me hables de chanza!
Di, ¿qué hora será?

Mosquete   La una
dará presto en la campaña,
con los cuatro cuartos míos.

Diego   ¡Vive Dios!, que es cosa rara
tu humor.

Mosquete   A mí me parece,
que serán las doce dadas,
si no mienten las cabrillas.

Diego   Con tus simplezas me matas.
¿Ves tú el cielo?

Mosquete   No te espante,
que mi turbación es tanta,
que me hace ver las estrellas.

(Dentro ruido como que abren la puerta.)

Diego   ¿Mosquete?

Mosquete   ¿Señor?

Diego   Aguarda,

| | que en la cerradura escucho
             meter una llave. |
|---|---|
| Mosquete | Ascuas,
            las guardas son, que la llave
            abre siempre con las guardas.
            Llegó mi hora. |

(Sale doña Juana de hombre, como a oscuras, con la espada en la mano.)

Juana   Don Diego,
                  ¿a dónde estáis?

Diego   ¿Quién me llama?

Juana   Quien vuestra vida procura,
                  y quien pretende librarla
                  a todo trance. Seguidme.

Diego   Deja que os rinda las gracias.
(Aparte.)   (Éste es Tucapel, que él solo
                  hiciera acción tan bizarra.)

Juana   No os detengáis, Caballero,
                  que hay peligro en la tardanza.
                  Seguidme.

Diego   La vida os debo.
(Aparte.)   (Envidia la acción me causa.)
                  ¿Y el criado?

Juana   Mi cuidado
                  de su libertad se encarga.

(Llévase Doña Juana a don Diego, dejando abierta la puerta de la prisión, y Mosquete se queda como tentando.)

Mosquete   ¡Vive Dios!, que si no miento,
                  que ha sido alguna fantasma
                  la que vino, pues oí
                  hacia esta parte que hablaban.
                  Y ya, si yo no me engaño,
                  las han susurrado o callan.
                  Ah, señor, ¿estás ahí?
                  ¿No responde? Cosa es clara
                  que él se libró, y que me deja
                  echo espantajo en la jaula.

(Sale Tucapel por la puerta de la prisión.)

Tucapel   Abierta está la prisión,
                  y por si acaso eran guardas,
                  a dos hombres que encontré,
                  no les quise hablar palabra.
                  ¿Si habrán librado a don Diego?
                  ¡Por Marte, que me pesara
                  que fuera por otra mano!

Mosquete   O el miedo me da matraca,
                  o hablan aquí.

Tucapel   Pasos siento.
                  ¿Es don Diego?

Mosquete (Aparte.)   (Andallo, pavas,
                  yo quiero decir que sí;
                    pues que no aventuro nada
                  en decirlo, y puede ser

	que sea un alma cristiana
	devota de los Mosquetes,
	que a sacarme venga.)
Tucapel	¿Calla?
	¿No responde?
Mosquete	Sí, yo soy.
Tucapel (Aparte.)	(Él respondió, albricias, alma.)
	Seguidme pues.
Mosquete	Ya te sigo.
Tucapel (Aparte.)	(Pague yo acción tan hidalga
	ahora, que después pienso
	darle la muerte en campaña.)
Mosquete (Aparte.)	(Salga una por una, y luego
	más que me tundan la lana.)

(Llévase Tucapel a Mosquete, y sale doña Juana y don Diego del mismo modo que se fueron.)

Juana	Pisad quedo.
Diego	¿No sabré
	a quién he debido tantas
	finezas?
Juana	De este peligro
	salgamos, que os doy palabra
	de decíroslo muy presto.
	No hay que replicarme nada,

>   sino callar.

Diego   Llena, cielos,
                   llevo de dudas el alma.

(Éntranse, y sale Tucapel, con dos espadas, y traerá a Mosquete.)

Tucapel   Ea. Don Diego, ya estáis
                  en salvo, y para que caiga
                  vuestra atención, en quien hizo
                  aquesta acción tan bizarra,
                  Tucapel soy, y si vos
                  me distéis vida y espada,
                  espada y vida os doy, puesto
                  que la ofrezco a vuestras plantas.

(Échale la espada a los pies.)

                   Y pues ya con esta acción
                   os quedo deudor en nada,
                   el desafío aplazado
                   se concluya, porque salga
                   mi valor airoso en todo,
                   que una cosa es, que mi fama
                   cumpla con mi obligación,
                   y otra es el duelo; y ved cuánta
                   diferencia hay en las dos,
                   pues allí con mano franca
                   os di la vida, y aquí
                   os vengo a sacar el alma.
                   Sacad la espada.

Mosquete (Aparte.)   (Dios mío,
                   ¿quién me metió en esta danza?

el diablo me hizo don Diego.)

Tucapel ¿No me respondes? ¿Qué aguardas?

Mosquete Señor, por amor de Dios,
yo tengo buenas entrañas,
y no he de reñir con quien
me ha dado la vida.

Tucapel Acaba,
riñe, o te daré la muerte.

Mosquete Digo que no tengo gana.

Tucapel ¿Eso dice un hombre noble?

Mosquete Ya sabe usted mi prosapia.

Tucapel Sé que eres hombre valiente.

Mosquete Eso pienso que me falta.

Tucapel Riñe, acaba, o vive Apolo,
que he de cumplir mi palabra
llevándola tu cabeza.

Mosquete ¿A quién, señor?

Tucapel A mi dama.

Mosquete (Aparte.) (Eso me faltaba solo.)
Usted llevará una alhaja
muy vacía, porque son
mis cascos de calabaza.

Tucapel   Pues, don Diego, o defenderte
                 o he de matarte.

Mosquete (Aparte.)   (¡Caramba,
                 aquí no hay otro remedio.)
                 ¿Qué don Diego ni qué haca?
                 ¿Cómo he de ser yo don Diego,
                 si usted la pidió trocada?

Tucapel   Pues, ¿quién eres?

Mosquete   Su criado.

Tucapel   ¡Por Marte, que te matara,
                 a no ensuciar el acero,
                 villano, en cosa tan baja!

(Dentro el marqués.)

Marqués   ¡Ea, españoles valientes!,
                 pues ya va viniendo el alba,
                 ¿a qué aguardáis? Envistamos.

(Tocan. Dentro voces.)

Voces   ¡Santiago, cierra España!

(Dentro Caupolicán.)

Caupolicán   Araucanos valerosos,
                 si perdéis esta batalla,
                 nos perdemos todos.

(Disparan.)

Tucapel ¿Qué oigo?
La escaramuza trabada
está ya. Pues, ¿a qué espero,
cuando mi gente me llama?

(Vase. Tocan cajas y clarines como a batalla.)

Mosquete Vaya usted con mil demonios.
Ya se zurran, ya se cascan;
mas cásquense en hora buena,
que yo detrás de estas ramas
he de mirar esta fiesta.

(Escóndese, y salen tres soldados retirando a Caupolicán, que viene herido y la cara ensangrentada.)

Caupolicán ¡Ah, fementida canalla!
De aquesta suerte veréis...
mas la sangre que me falta
me quita las fuerzas!

Soldado 1 Perro,
ríndete al punto.

Tucapel ¡Qué rabia!
Ah, villanos, no es posible
defenderme.

(Átanle las manos.)

Soldado 2 El galgo vaya
a donde luego le pongan

	en un palo.
Mosquete	Santas pascuas, eso pido.
Caupolicán	¡Ay, Colocolo! Cierta ha salido tu magia; pues todas estas desdichas por no creerte me asaltan.

(Llévanle.)

Mosquete   Este perro, por lo menos,
               ya lleva en la cola maza;
               mas acá viene un tropel,
               escondite, y venga o vaya.

(Escóndese, y salen algunos indios y Rengo acuchillando al marqués.)

Rengo   Ríndete cristiano.

Marqués   ¡Perros,
               acabadlo con mi espada!

(Sale don Diego con la espada en la mano y pónese al lado del marqués.)

Diego   Ea, gran Marqués, a ellos,
               que a vuestro lado se halla
               don Diego de Almagro.

Marqués (Aparte.)   (Cielos, o cuánto se alegra el alma!)

Diego   Invierto marqués, a ellos,
               y muerta aquesta canalla.

(Métenlos a cuchilladas, y dicen Rengo y los soldados dentro.)

Rengo   Muerto soy.

Mosquete   Adiós, vaya un Rengo.

Uno   ¡Que me muero!

Otro   ¡Que me matan!

Mosquete   ¡Dos, tres! ¡Oh, qué linda cosa!
                 Por Dios, que los perros rabian;
                 pero aquí viene un soldado,
                 vuelvo a esconderme.

(Escóndese. Sale doña Juana, de hombre.)

Juana   Mis ansias,
                 después que perdí a don Diego,
                 un instante no se hallan
                 sin él.

(Sale don Pedro.)

Pedro   Buscando al marqués,
                 a quien perdí en la batalla,
                 que con don Diego de Almagro,
                 que ya está libre, quedaba
                 Rengo; mas aquel soldado
                 de él me dirá. Ah, camarada,
(Aparte.)   ¿habéis visto...? (Mas, ¿qué veo?
                 ¿No es el rostro de mi hermana?)

Juana (Aparte.)	(¡Ay de mí! Aquéste es mi hermano.)
Pedro	¿Habéis visto...?
Juana	No sé nada.

(Vase.)

Pedro	Seguiréle, y dejaré mi sospecha averguada.

(Vase. Dentro cajas y clarines.)

Todos	¡Victoria por el marqués!

(Salen el marqués y sus soldados.)

Marqués	Al cielo le doy las gracias de tan feliz victoria. Gran día le he dado a España.

(Sale don Diego.)

Diego	Señor, los bárbaros todos a tu yugo se avasallan, entregándote las fuerzas de todas estas comarcas. Ya en Caupolicán se hizo la justicia que tú mandas: puesto en un palo murió, y con la mayor constancia, que humanos ojos han visto.

(Dentro ruido y dice un soldado.)

Soldado	Porque han rompido la guarda, dadles la muerte.
Marqués	¿Qué es esto?

(Salen Tucapel, Rengo, Fresia, Gualeva y demás damas indias, y todos los soldados.)

Tucapel	Yo soy, señor, que a tus plantas vengo a pedirte perdón, con estos que me acompañan, rendidos a tu clemencia, de la ceguedad pasada; y el bautismo, que en la ley, que ya adoramos cristiana, vasallos queremos ser del grande león de España.
Todos	¡Bautismo, señor, bautismo!
Marqués	¡Oh, cuánto se alegra el alma! Llegad, llegad a mis brazos, que aquese fervor os salva, que yo en el nombre del rey os perdono, que es monarca en quien, sobre su poder, siempre la piedad se halla.

(Sale doña Juana, de hombre, huyendo, y tras ella don Pedro, con la daga desnuda.)

Pedro	Con tu sangre, hermana aleve, he de lavar hoy la mancha

	de mi honor.
Juana	¡Señor invicto,
	vuestra presencia me valga!
Marqués	Don Pedro, pues ¿cómo así
	delante de mí la daga
	contra un soldado? ¿Qué es esto?
Pedro	Señor, oyendo la causa,
	no me culparéis, porque
	el que vuecelencia ampara
	no es hombre, no.
Marqués	Pues, ¿quién es?
	Decid.
Pedro	Una vil hermana,
	que en ese traje mentido
	mi ilustre nobleza agravia,
	y con su sangre alevosa
	he de borrar esta infamia;
	y así, señor, perdonad.
Diego (Aparte.)	(¡Cielos, esta es doña Juana.)
	Tened, don Pedro, tened
	los rigores de esa daga;
	porque si sus filos quedan
	matizados con el nácar
	depositado en las venas
	de doña Juana tu hermana,
	has de ver cortado el hilo
	de tu vida sin tardanza,
	siendo la parca mi brazo,

                        y mi espada la guadaña.

(Echa mano a la espada.)

Marqués   Advertid, que en mi presencia
                        esa acción es muy extraña;
                        y agradeced, que se funda
                        en defensa de una dama.

Diego   Y de una dama, a quien debo
                        finezas tales y tantas,
                        que si puedo agradecerlas,
                        no es atención divulgarlas.
                        Solo, sí, quiero que sepas,
                        que de mi deuda obligada,
                        mudando el traje, se vino
                        de Arauco y Chile a las playas:
                        que animada del valor
                        o del amor alentada,
                        de mi prisión noticiosa,
                        con estratagema rara
                        quiso librarme, y lo logra
                        de las sombras amparada;
                        mas fue con tanta cautela,
                        que aunque yo solicitaba
                        saber el dueño a quien debo
                        libertad tan deseada,
                        entre piélagos de dudas
                        la imaginación naufraga,
                        hasta la ocasión presente,
                        que viendo la verdad clara,
                        ya salí de mi sospecha,
                        que no en vano adivinaba
                        el alma tan alta dicha,

	y con ser dicha tan alta,
	es la menor, pues le debo
	finezas más encumbradas.
	Y así valor de los Rojas,
	Don Pedro, ya vuestra hermana
	no corre por vuestra cuenta,
	pues cumpliendo mi palabra,
	y dándole yo la mano
	de su esposo, es casa llana,
	que quedáis fuera del duelo
	sin que más os satisfaga;
	y pues yo estoy satisfecho,
	no haya que replicar en nada.
Marqués	Ello está bien sentenciado.
Pedro	Y yo contento, pues gana
	con tal esposo tal dicha.
Diego	Esta es mi mano, y el alma
	os doy con ella.

(Danse las manos don Diego y doña Juana.)

Juana	Fineza es,
	que la merecen mis ansias.
Marqués	Aquesto está ya ajustado,
	Dios bien casados os haga;
	y agradecedla, don Diego
	que yo no me satisfaga
	del bando que quebrantasteis.
Juana	Beso, gran señor, tus plantas.

Diego	Tucapel le dé la mano a Fresia, con que se acaba nuestro duelo, que no es bien mi cabeza satisfaga el amor que la he tenido.
Fresia	Tuyas serán nuestras almas.
Tucapel	Procedes como quien eres.
Fresia	Así se alivian mis ansias.

(Danse las manos Tucapel y Fresia.)

Tucapel	Así sosiegan mis celos.

(Sale Mosquete.)

Mosquete	Bravos casamientos andan.
Juana	Rengo a Gualeva también, sin mis celos, puede darla.
Reno	Soy tu esclavo.

(Danse las manos Gualeva y Rengo.)

Gualeva	Dicha es mía.
Marqués	Pues porque mejor se haga, yo he de ser vuestro padrino en el bautismo mañana.

Mosquete	Todos se casan aquí, y a mí solo no me casan.
Diego	No hay con quien.
Mosquete	¿Falta una china con quien darme una pedrada? En fin, es cosa sensible: pero si bien se repara yo no soy para casado, ni quiera Dios que yo caiga en semejante flaqueza, en el mundo tan usada; porque yo por mi presencia, por mis rentas, por mis galas, no puedo aspirar a esposa hermosa, rica ni hidalga: solo tocarme podía una famosa tarasca, que pareciera una bruja a dos meses de casada. ¿Yo vender mi libertad por una fea? ¡Necuacuam! Mas vale vivir soltero, corriendo las caravanas, que dejar armas de Marte, y empuñar las de Jarama.
Marqués	Vamos de lo sucedido al templo a dar a Dios gracias.
Mosquete	Eso es primero que todo.
Todos	Con que la comedia acaba

los Españoles en Chile;
perdonad sus muchas faltas.

Fin

Libros a la carta

A la carta es un servicio especializado para
empresas,
librerías,
bibliotecas,
editoriales
y centros de enseñanza;
y permite confeccionar libros que, por su formato y concepción, sirven a los propósitos más específicos de estas instituciones.

Las empresas nos encargan ediciones personalizadas para marketing editorial o para regalos institucionales. Y los interesados solicitan, a título personal, ediciones antiguas, o no disponibles en el mercado; y las acompañan con notas y comentarios críticos.

Las ediciones tienen como apoyo un libro de estilo con todo tipo de referencias sobre los criterios de tratamiento tipográfico aplicados a nuestros libros que puede ser consultado en Linkgua-ediciones.com.

Linkgua edita por encargo diferentes versiones de una misma obra con distintos tratamientos ortotipográficos (actualizaciones de carácter divulgativo de un clásico, o versiones estrictamente fieles a la edición original de referencia).

Este servicio de ediciones a la carta le permitirá, si usted se dedica a la enseñanza, tener una forma de hacer pública su interpretación de un texto y, sobre una versión digitalizada «base», usted podrá introducir interpretaciones del texto fuente. Es un tópico que los profesores denuncien en clase los desmanes de una edición, o vayan comentando errores de interpretación de un texto y esta es una solución útil a esa necesidad del mundo académico.

Asimismo publicamos de manera sistemática, en un mismo catálogo, tesis doctorales y actas de congresos académicos, que son distribuidas a través de nuestra Web.

El servicio de «libros a la carta» funciona de dos formas.
1. Tenemos un fondo de libros digitalizados que usted puede personalizar en tiradas de al menos cinco ejemplares. Estas personalizaciones pueden ser de todo tipo: añadir notas de clase para uso de un grupo de estudiantes, introducir logos corporativos para uso con fines de marketing empresarial, etc. etc.

2. Buscamos libros descatalogados de otras editoriales y los reeditamos en tiradas cortas a petición de un cliente.

www.ingramcontent.com/pod-product-compliance
Lightning Source LLC
LaVergne TN
LVHW041336080426
835512LV00006B/491